입소문 전염병(개정판)

KUCHIKOMI DENSENBYO
Copyright © 2001 **Masanori Kanda**

All rights reserved.
First published in Japan in 2001 by FOREST Publishing Co., Ltd.
Korean edition rights arranged with FOREST Publishing Co., Ltd.
through Shinwon Agency Co.

이 책은 신원에이전시를 통한 저작권자와의 독점계약으로 ㈜두드림미디어에서 출간되었습니다.
저작권법에 의해 한국 내에서 보호를 받는 저작물이므로 무단전재와 복제를 금합니다.

개정판

"입소문 전염병"

간다 마사노리(神田昌典) 지음

최윤경 옮김

두드림미디어

추천사 1

코로나19 시대의
생존 마케팅 전략은
입소문 전염병이다

서승범 마케팅 코치, '간다 마사노리' 소셜클럽 클럽장

지금까지 30만 부 이상이 판매되었고 지금도 스테디셀러로 많은 이들이 찾고 있는 《입소문 전염병(구 한국어 번역서 : 화젯거리를 만들어라)》은 마치 코로나19 시대의 꼭 필요한 대처 방법을 선견지명으로 쓴 책이 아닐까 하는 생각이 들 정도로 입소문 마케팅에 대한 실천 프로그램이 상세히 나와 있다.

간다 마사노리(神田昌典)는 절대로 탁상공론을 이야기하지 않는다. 현업에서 실천을 통해 검증된 이야기를 그것도 패턴을 파악해서 누구나 알기 쉽게 풀어놓는다. 간다 마사노리가 일목요연하게 정리한 누군가에게 말하고 싶어지는 7가지 감정의 방아쇠를 살펴보면 감탄하지 않을 수 없다.

누군가에게 말하고 싶어지는 7가지 감정의 방아쇠

첫째, 불행, 재난, 그리고 스캔들을 이용하라.
둘째, 이야기를 만들어라.
셋째, 적을 만들어라.
넷째, 내면의 욕구를 알아채라.
다섯째, 주인공으로 만들어라.
여섯째, 줄을 만들어라.
일곱째, 커뮤니티를 만들어라.

물건이 안 팔린다는 말을 들은 지 오래다. 아무리 좋은 상품이라도, 수십억 원의 광고비를 써도 판매에 직결되지 않는 시대가 되어버렸다. 그런데 다른 한편으로는 어느 날 갑자기 뜻밖의 물건이 히트상품이 되는 시대이기도 하다. 히트의 비밀이 뭔지 분석해보면 입소문이었다.

이 책에는 그런 입소문의 본질이 마케팅에 대한 지식이 없는 사람도 읽기 쉽고 이해하기 쉬운 내용으로 정리되어 있다. 돌파구가 보이지 않는 코로나19 시대에 살아남기를 원한다면 반드시 읽어야 할 책이다.

추천사 2

간다 마사노리는
도대체 나에게, 아니 우리에게
무슨 짓을 하고 있는 걸까?

이근우 특창사 대표, 외식경영 전문가

부끄럽지만 나는 프랜차이즈 사업을 하던 30대까지 책을 제대로 읽어본 적이 없다. 그저 발로 뛰고 몸으로 부딪치며 익히는 게 사업인 줄 알았다. 책 읽는 시간에 고객 영업을 하는 게 맞다고 생각했다. 마케팅 역시 잘하는 업체에 돈만 주면 알아서 해주는 것으로 여겼다. 하지만 일본 최고의 마케터 간다 마사노리를 책으로 접한 이후 나는 완전히 달라졌다. 마케팅을 전혀 모르던 내가 가맹영업대행사를 운영하는 대표가 되었고, 외식경영 전문가로서 예비창업자를 상담하는 컨설턴트가 되었다. 사실 가장 큰 변화는 내가 책을 읽게 되었다는 점이다. 심지어 지금은 내 최애(最愛) 작가인 간다 마사노리의 《입소문 전염병》 재출간에 추천사까지 쓰는 영광을 누리고 있다.

그렇다면 내가 마케팅 전쟁터인 영업 시장에서 경쟁사에도 인정받는 가맹영업대행사를 운영할 수 있었던 이유는 무엇이었을까? 찾아가야 하는 수동적인 영업 시장에서 어떻게 고객들을 찾아오게 할 수 있었을까? 물론 간다 마사노리의 많은 책들이 도움을 주었지만, 결정적인 요인은 바로 이 책에 있다.

절판된 이 책은 '마케터가 읽어야 할 필독서'라는 입소문이 나면서 재출간 전, 온라인 중고서점에서 정가의 10배가 넘는 가격으로 거래되고 있었다. 놀랍지 않은가? 간다 마사노리는 어쩌면 이러한 품귀현상을 미리 예측하고 독자들에게 '입소문 마케팅은 이렇게 하는 거야!'라는 것을 몸소 보여주고 있다는 생각마저 든다. 《입소문 전염병》이라는 책 제목대로 그 전염병에 나는 감염된 것이고, 웃돈을 주고 비싼 값에 책을 구매했지만, 이 책을 얻게 된 내가 축복받았다고 생각하고 있으니까 말이다(재출간된 지금, 정가에 책을 구매한 당신은 더 축복받았다).

앞서 재출간된 간다 마사노리 책들이 마케팅 이론서라면, 이 책은 누구나 쉽게 실행할 수 있도록 명확하게 가이드를 제시한 실용서다. 따라서 책에서 제시한 방법 그대로 각자의 사업에 적용한다면 만족스러운 결과물을 얻을 수 있을 것이라고 확신한다. 왜냐하면 마케팅을 전혀 모르던 나도 영업회사를 운영하는 대표가 되었기 때문이다. 단순히 '운영한다'에 초점을 맞추는 게 아니다. 책에서 말하는 '입소문 전략과 프로그램'을 적용해서 고객이 스스로 찾아오게 만들었고, 덕분에 내가 관여하고 있는 사업 분야에서 1등을 유지하고 있다.

물론 이 책 한 권을 읽는다고 해서 당장 성과를 내기는 어려울 것이다. 또한, 이것만이 정답이라고 말하기도 힘들다. 다만 이 책의 마지막 부록에 실린 520개의 성공 실적을 보면 알 수 있듯이 누군가는 이 길을 먼저 걸었고 성과를 달성했으며, 그 노하우를 공유한 것은 분명하다. 내가 그러했듯 이 노하우를 적용하고 실행해서 결과물을 만드는 것은 이제 당신 몫이다.

끝으로 '일본 최고의 마케터', '마케팅 천재' 등의 뻔한 수식어 말고, 감히 내가 간다 마사노리를 한마디로 정의한다면 '비상식적 마케터'라고 말하고 싶다. 전혀 새로운 관점으로 문제를 바라보고, 상식을 벗어난 해결책을 제시하기 때문이다. 나는 이런 비상식적인 매력 때문에 간다 마사노리에 매료된 것이 아닌가 하는 생각이 든다. 아마 당신이 사업가 또는 마케터라면 같은 이유로 이 책을 읽는 내내 입을 다물지 못하고 있는 자신을 보게 될 것이다.

왜 절판된 간다 마사노리의 모든 책은 온라인 중고서점에서 수십만 원에 거래되었을까? 이 책에 그 답이 있다.

"사장님! 큰일입니다."

"아침부터 참 소란스럽군. 대체 무슨 일이야?"

"고객들이 몰려오고 있습니다."

"뭐라고?"

"고객이 몰려들고 있습니다. 고객이 고객을 끌어모으고 있습니다. 입소문이 원인이 아닐까 생각합니다."

"입소문? 입소문만큼 도움이 안 되는 건 없어. 그래서 지금까지 광고에 그렇게 돈을 들인 거잖아. 물론 광고대행사에 속은 적도 있었지. 하지만 그래도 광고비의 반 정도는 잘 건진 것 같아."

"저도 그렇게 생각합니다. 하지만 최근에는 전단지를 아무리 뿌려도 전혀 효과가 없지 않습니까?"

"그건 그렇지만 입소문은 멋대로 일어나. 통제할 수가 없단 말이지."

"그런데 사장님. 얼마 전, 서점에서 재미있는 책을 발견했습니다. 그 책에 의하면 입소문은 전염병이기에 입소문 바이러스를 고객에게 전염시키면, 고객이 저절로 주변에 이야기하게 된다고 합니다."

"입소문 전염병이라…. 그런 책들 다 자기 지식 자랑하는 것뿐이잖아. 있잖아, 주변에. 그런 컨설턴트. 잘 들어봐. 우리가 컨설턴트 말 들어서 잘된 적 있었어? 전에 고용한 컨설턴트는 회사를 엉망진창으로 만들어놓고 결국 사라져버렸잖아? 거기다 비싼 자문료만 받아 챙기고 말이야."

"그건 그렇지만 사장님, 지금 컨설턴트의 험담을 하고 있을 때가 아닙니다."

"아, 그렇지. 그건 다음에 이야기하도록 하지."

"그 책 말인데요…."

"설마 그 책을 산 것은 아니겠지?"

"…샀습니다."

"그런 책을 왜 샀나. 어차피 시간 낭비일 텐데."

"저도 처음에는 그렇게 생각했습니다. 하지만 조금이라도 도움이 되는 부분이 있다면, 본전은 뽑겠다 싶어서요…."

"어차피 별건 없었겠지."

"사장님, '긍정적으로 사고하라'라고 사장님께서 늘 말씀하셨는데, 오늘은 꽤 부정적으로 말씀하시네요."

"아, 미안하네. 그래서 결론적으로 그 책은 어땠나?"

"단숨에 다 읽었습니다. 읽고 나니, 왠지 의욕이 솟더라고요. 그래서 돈이 드는 것도 아니니 속는 셈 치고 입소문을 전염시키는 작전의 가장 기본적인 부분을 실행했습니다."

"그랬더니 어떻게 되었나?"

"어떻게 되고 말고도 없습니다. 제가 말씀드리는 것보다 사장님께서 직접 확인해보세요."

사장이 회사 안내데스크로 향하자 문의 전화가 쉴 새 없이 계속 울리고 있었다.
"믿을 수 없군. 자네, 입소문이 원인이라고 했지?"
"네, 그렇습니다. 전단지도 뿌리긴 했지만, 뿌려도 최근에는 거의 반응이 없었기에 이번에는 그 장수를 엄청나게 줄였습니다. 그런데도 이 정도로 반응이 좋은 것은 역시 입소문밖에는 생각할 수 없습니다."
"대체 어떻게 한 것인가? 한번 말해보게."
"아, 네. 알겠습니다. 잘 설명할 수 있을지 모르겠지만, 해보겠습니다. 사장님, 입소문이란 것은 말입니다…. 어떤 조건을 충족시킴으로써 마치 감기와 같이 전염이 되는 것이라고 합니다."

프롤로그

입소문 전염 병동으로
어서 오세요!

앞의 사장과 직원, 두 사람이 화제로 삼고 있는 '입소문'에 관한 책이 지금 여러분의 손에 있는 바로 이 책이다. 이 책의 목적은 여러분 회사에 입소문의 힘, 다시 말해 소개의 힘을 강하게 하는 데 있다. 이미 잘 알려진 것처럼, 입소문이나 주변 사람들의 소개만큼 강력한 홍보 매체는 없다. 그렇기에 많은 회사에서는 '입소문이 중요하다!', '소개 영업이다!'라고 방침을 세운다. 하지만 입소문을 퍼뜨리려면 구체적으로 무엇을, 어떻게 하면 좋을까? 입소문이 중요한 것은 알지만, 정작 99.9%의 회사가 이에 대한 체계적인 전략을 가지고 있지 않다.

매년 몇만 권의 비즈니스 관련 책이 출판되고 있다. 하지만 입소문에 관한 책은 많아야 몇 권 정도다. 이 정도로 중요하다고 이야기되고 있음에도 입소문의 실태가 거의 연구되고 있지 않은 것은 마케팅 7대 미스터리 중 하나다.

입소문에 관한 연구가 적은 데는 그럴 만한 이유가 있다. '고객에게 봉사하면 입소문은 자연적으로 일어난다', '입소문은 통제할 수 없다' 등의 미신이 있기 때문이다. 이 미신 때문에 입소문을 주체적으로 활용하려고 하는 회사가 거의 없다.

물론 붐을 일으키려고 하는 기업은 있다. TV 방송국에 방송 의뢰를 하거나, 오피니언 리더의 가능성이 큰 여고생이나 오피스 레이디(20~30대 사무직 여성) 등을 기용해서 SNS 등을 활용해 유행을 연출하기도 한다. 대중을 움직인다는 시점에서 보면 붐을 일으키려는 것은 굉장히 재미있다. 하지만 붐을 일으키는 것은 과자, 음료 브랜드 등의 대기업들로 한정되어 있다. 전체 기업의 90% 이상을 차지하고 있는 중소기업들이 활용할 수 있는 구체적인 대책은 제시된 것이 없다.

지금까지 중소기업은 주로 전단지를 비롯한 광고나 영업 직원의 육체노동을 통해 고객을 불러모았다. 하지만 요즘은 광고해도 반응이 크게 없을 뿐만 아니라 영업 직원에게 월급 이상의 활동을 기대할 수도 없다. 이런 상황에서 많은 경영자들이 앞으로 어떻게 고객을 끌어모아야 좋을지 굉장히 고민될 것이다.

　비용이 들지 않는 입소문이나 소개를 체계적으로 활용할 수 있다면 얼마나 편할까? 그렇게 생각하는 것은 나뿐만이 아닐 것이다. 입소문은 단순히 '고객이 고객을 데리고 온다'라는 의미가 아니다. 여러분도 경험한 적이 있듯이 소개받은 고객은 대체로 대응하기도 편하다. 광고를 본 고객은 대체로 "가격은 얼마입니까?" 하고 전화를 한다. 하지만 소개받은 고객은 "○○씨로부터 소개받았습니다. 언제쯤 와주실 수 있습니까?"라고 이야기한다.

　또한, 광고를 본 고객은 가격을 깎는다. 소개받은 고객은 감사를 표한다. 다시 말해, 입소문은 감사하는 고객을 불러모아 매출을 높여줄 뿐만 아니라, 직원들의 기분에도 좋은 영향을 준다. 고객에게 감사의 인사를 받으면 직원은 기쁘다. 그 결과, 직원은 고객을 더욱 웃는 얼굴로 대하게 된다. 그 웃는 얼굴에 또다시 고객이 찾아오는 선순환이 일어난다. 그렇게 입소문의 힘이 퍼진다. 즉, 입소문의 선순환 작용으로 고객이 몰려올 뿐만 아니라, 직원의 자부심, 애사심도 회복될 수 있다.

　그런데 이 책을 읽으면 입소문 소개를 100% 통제할 수 있게 될까? 아쉽게도 그렇게까지는 약속할 수 없다. 이 책은 현시점에서 내가 알고 있는 입소문을 일으키는 방법을 모아둔 것이지만, 솔직히 완성된 이론은 아니다.

하지만 이미 많은 회사에서 이 방법을 활용하고 있다. 이러한 회사들의 결과를 살펴보면, 반드시 고객이 먼저 주변에 이야기하고 소개하며 다닌다는 것을 알 수 있다. 거짓말이라고 믿지 않을 수도 있지만, 여기에는 예외가 없었다.

입소문을 100% 통제할 수는 없다. 하지만 20%라도 통제할 수 있으면 성공적이다. 왜냐하면 여러분이 입소문을 통제하기 위해 노력할 때, 경쟁 회사는 입소문이 저절로 퍼지기만을 기다리고 있기 때문이다. 입소문은 그저 바라고만 있어서는 안 된다.

이 책은 입소문의 힘을 높이는 방법을 누구라도 즉시 활용할 수 있도록 썼다. 앞에서도 이야기했듯이 100%는 아니지만, 그래도 그 강력한 힘을 여러분의 회사에 유리하게 작용할 수 있도록 통제할 수 있게 될 것이다.

이 세상에는 강력하게 홍보하지 않으면 사회적 손실로 이어질 수 있는 상품이나 서비스가 넘쳐난다. 뛰어난 상품을 가지고 있는 기업은 그것을 세상에 널리 보급해야 할 의무가 있다. 그 의무를 달성하기 위해서는 '좀 더 자금이 있었으면 좋았을 텐데…', '광고 홍보를 하면 좋을 텐데…'라고 푸념만 하고 있을 시간이 없다.

고객이 스스로 퍼트리게 만드는 데 필요한 수단은 이미 여러분의 발아래에 있다. 이제 그것을 손으로 잡아 사용하기만 하면 된다. 여러분의 발아래에 굴러다니고 있는 입소문 수단은 대체 무엇일까? 그리고 그 수단은 어떤 식으로 사용할 수 있을까? 어떤 조건을 충족시켜야 고객이 저절로 입을 열어 홍보해줄까? 여러분 회사의 화제를 고객이 고객에게 전염시키려면 어떻게 해야 좋을까? 이 책은 그 해답을 제공하고 있다.

그럼 바로 입소문 병동 안으로 들어가보자!

간다 마사노리

목 차

추천사 ○4

프롤로그 | 입소문 전염 병동으로 어서 오세요! ○14

제1장 | 우물이 마르기 전에 물을 길어라!

이기는 조직이 될 수 있다는 환상 ○25
목이 마르기 전에 우물을 파는 것을 멈춰라 ○29
손을 뻗으면 풍부한 수맥이 거기에 있다 ○34
풍부한 우물의 물도 퍼 올리다 보면 언젠가는 마른다 ○40
왜 기회는 일시적으로 찾아올까? ○43
단품에 집중해야 광고 효과가 있다 ○48
입소문·소개를 시스템으로 도입하라 ○52

제2장 | 입소문 5가지 상식을 연구하라!

입소문 상식 테스트 ○61
입소문 상식 탈출 1 - 고객 만족도가 높으면 입소문이 난다 ○64
입소문 상식 탈출 2 - 상품이 좋으면 입소문이 퍼진다 ○69
입소문 상식 탈출 3 - 나쁜 입소문일수록 빨리 퍼진다 ○75
입소문 상식 탈출 4 - 입소문은 고객이 퍼뜨리는 것이다 ○81
입소문 상식 탈출 5 - 입소문은 최고의 홍보 매체다 ○89

제3장 | 고객이 말하고 싶어지는 회사, 고객을 무시하는 회사

말하고 싶어지는 감정의 방아쇠 1 - 불행, 재난, 그리고 스캔들을 이용하라 ○109
말하고 싶어지는 감정의 방아쇠 2 - 이야기를 만들어라 ○115
말하고 싶어지는 감정의 방아쇠 3 - 적을 만들어라 ○121
말하고 싶어지는 감정의 방아쇠 4 - 내면의 욕구를 알아채라 ○129
말하고 싶어지는 감정의 방아쇠 5 - 주인공으로 만들어라 ○137
말하고 싶어지는 감정의 방아쇠 6 - 줄을 만들어라 ○143
말하고 싶어지는 감정의 방아쇠 7 - 커뮤니티를 만들어라 ○149

제4장 | 입소문을 컨트롤하는 방법

입소문 전염 프로세스 첫 번째 열쇠 – 입소문을 퍼뜨릴 사람 ○163
입소문 전염 프로세스 두 번째 열쇠 – 입소문을 퍼뜨릴 상품 ○169
입소문 전염 프로세스 세 번째 열쇠 – 입소문을 퍼뜨릴 장소 ○174
입소문 전염 프로세스 네 번째 열쇠 – 입소문을 퍼뜨릴 계기 ○177
입소문 전염 프로세스 다섯 번째 열쇠 – 입소문을 퍼뜨릴 메시지 ○180
입소문 전염 프로세스 여섯 번째 열쇠 – 입소문을 퍼뜨릴 수단 ○187
연습 – 여러분의 회사에서는 어떤 식으로 활용할 수 있을까? ○194

제5장 | 입소문 전염과 동시에 매출을 올리는 5단계 프로그램

1단계 - 고객의 목소리를 모은다 ○208
2단계 - 뉴스레터를 발행한다 ○217
3단계 - 휴대가 가능한 입소문 전염 도구를 만든다 ○225
4단계 - 소책자를 만든다 ○229
5단계 - 이벤트를 개최한다 ○238

에필로그 ○248

부록 | 520개 회사의 성공 실적 ○253

제1장 |

우물이 마르기 전에 물을 길어라!

이기는 조직이
될 수 있다는
환상

"효과가 굉장히 저조합니다."

리모델링 회사의 직원이 전화로 탄식하듯 말했다.

"올해 4월까지는 접는 전단지 4,000장에 1건 정도의 확률로 전화가 왔었는데, 7월 이후로는 5,000장에 1건, 7,000장에 1건 정도로 계속 줄더니 지금은 1만 장에 1건도 전화가 안 옵니다."

최근 이런 상황은 리모델링 업계만의 일이 아니다. 주택 업계도 마찬가지다. 주택 전시회장을 찾는 방문객 수 역시 무려 작년의 절반으로 줄었다. 예전에는 전단지를 뿌리면 뿌릴수록 가입자 수가 보장되었던 보험 회사의 전단지 역시 반응은 1/10로 줄었다.

미용 업계는 대기업의 도산으로 소비자의 소비 심리가 급감하면서 어려워졌다. 입시학원의 경영자는 전단지를 뿌려도 전혀 반응이 없어 "이제 낚을 수 있는 것은 전부 다 낚아 올린 것은 아닐지…"라고 불만을 표하기도 했다.

물론 이런 상황에서도 전단지를 뿌려 그에 상응하는 반응을 끌어내 미소 짓는 있는 회사가 없는 것은 아니다. 주택 업계 중에는 창업 초기부터 굉장한 전단지 반응을 이끌어내며, 반년도 지나지 않아 17개 동을 계약하는 화려한 실적을 낸 회사도 있다. 또한, 광고가 대박을 터트려 한 달 만에 매출이 3배 이상 신장된 에스테틱 살롱도 있다. 그 밖의 동종 업계의 질투를 살 정도로 실적이 무섭게 늘고 있는 입시학원이나 보험대리점도 존재한다.

지는 조직은 아직 이길 수 있다는 희망을 가지고 있는 것처럼 보인다. 현재 지고 있더라도 지혜를 짜내 노력하면, 언젠가는 이기는 조직이 될 수 있다고 생각하는 것이다. 하지만 아쉽게도 이것은 환상에 불과하다.

마케팅 컨설턴트인 나는 전국 2,500개 이상의 기업 클라이언트를 보유하고 있고, 연간 2,000개가 넘는 회사로부터 매출을 즉시 올려달라는 상담을 받고 있다. 이렇게 많은 경영 상담을 혼자서 소화해내고, 각종 업계로부터의 최신 정보를 모으는 컨설턴트는 국내에서도 드물 것이라 생각한다.

이런 경험으로 말하자면, 아무리 노력한다고 해도 지는 조직은 계속 진다. 왜냐하면 이기는 조직과 지는 조직의 능력 차이가 아니기 때문이다. 머리가 좋고 나쁨은 관계없다. 노력을 얼마큼 했는지의 문제 역시 아니다.

그런데도 이기는 조직과 지는 조직 사이에는 분명한 차이가 있다. 그 차이는 무엇일까? 이기는 조직은 변화를 즐길 줄 안다. 과거의 룰이나 성공체험을 미련 없이 깨끗하게 버릴 줄 안다.

반면 지는 조직은 지금까지의 성공체험에만 매달려 과거의 연장선상에서 경쟁을 이어간다. 이렇게 되면, 노력하면 노력할수록 오히려 체력만 소모될 뿐이다.

언젠가 어떤 경영 컨설턴트 모임에 참석한 적이 있다. 그때 한 의류점의 경영자가 다음과 같이 질문했다.

"저는 이제 곧 가격 할인 판매의 시기는 지나고 슬슬 상품력으로 승부하는 시기가 올 것 같은데 어떤가요?"

컨설턴트는 "앞으로 2~3년은 가격 할인 판매의 시기가 지속될 것입니다"라고 답했다. 그러자 그 경영자는 다음과 같이 투덜거렸다.

"그럼 앞으로도 당분간은 참아야겠네요."

나는 이 말을 듣고 '승패가 이미 보이네' 싶었다. 사실, 이 모임의

하루 전날, 나는 다른 경영자와 전화 통화를 했는데, 그는 장아찌 제조업체의 경영자였다. 업계 전반적으로 오봉(お盆, 양력 8월 15일을 전후로 지내는 일본의 명절) 세일에서 작년 대비 20% 이상 매출이 떨어졌음에도 그는 예년과 같은 수준의 매출을 유지했다. 백화점의 매출 하락은 막지 못했지만, 직영점에서는 작년 매출을 크게 넘어선 실적을 올렸다.

"업계 평균 매출이 20%나 떨어진 것에 비교해보면 괜찮은 실적 아닌가요?"라고 내가 묻자, 그는 "데이터를 근거로 고객 수가 늘었기에 본래대로라면 더 늘었어야 합니다"라고 말하며 아쉬워했다.

이 사장님은 올해 초에 회사의 전략을 근본적으로 바꾸었다. 소비자가 보자마자 '이것은 사지 않으면 손해야'라고 생각할 수 있도록 감정을 자극하는 방향으로 전략을 재구성했다. '아직 할인 판매가 지속된다고 하니 참아야 한다'라고만 생각하는 경영자와 '기회가 찾아왔다'라고 긍정적으로 생각해서 전략을 세우고 실행을 감행한 경영자.

여러분이 소비자라면 어떤 기업을 응원하겠는가?

목이 마르기 전에 우물을 파는 것을 멈춰라

 지금까지는 실적이 떨어져도 노력하면 그 노력을 보상받았다. 하지만 지금은 노력해도 체력만 소진될 뿐이다. 우물을 팔 때를 상상해보길 바란다. 우물의 물이 마르면 지금까지는 노력해서 깊이 파나가면 물은 솟아올랐다. 효율적으로 파 내려가기 위해 파는 방법을 연구해서 곧 파는 것이 능숙해졌고, 그럼 목마름은 사라졌다.

 하지만 지금은 그 우물의 물이 아예 다 말라버린 상황이다. 그런데도 물이 다 마른 것을 눈치채지 못하고 파나간다. 삽을 더 능숙하게 쓰게 되면, 더 빠른 방식으로 파나가면, 물도 솟아오를 것이라고 믿으면서 말이다.
 그러나 노력하면 노력할수록 체력만 갉아먹고 오히려 목은 더

말라간다. 그렇게 점점 깊은 우물 바닥에 휘말려 들어간다. 이 우물에서 빠져나올 지름길은 무엇일까?

정답은 간단하다. 우물을 파는 것을 그만두면 된다. 중요하기에 한 번 더 강조한다.

"우물을 파는 것을 그만둬라."

하지만 많은 회사들이 이 간단한 것을 하지 못한다.

"그렇게 어리석은 회사들만 있는 것은 아니야! 컨설턴트들은 자신은 하지 않으면서 말만 번지르르하니 믿을 수가 없어."

여러분은 이렇게 말하며 분통을 터뜨릴지도 모른다. 그저 쓴소리에 지나지 않을지도 모르지만, 중요한 이야기므로 좀 더 들어주길 바란다. 물이 없는 우물을 파 내려가는 것은 일류 회사들도 빠지기 쉬운 함정이다.

내 강연회에 참가한 사람들에게서 다음과 같은 질문을 자주 받게 된다.

"예전부터 이 전단지를 뿌리고 있는데, 효과가 없습니다. 어떻게 하면 좋을까요?"

"전단지를 뿌리는 목적은 무엇입니까?"

"고객을 모으기 위해서입니다. 특히 신규 고객을 발견하지 못하면 앞으로가 큰일입니다."

"전단지를 만 장 뿌리면 신규 고객은 어느 정도 모입니까?"

"음…. 잘 모르겠지만, 아마 거의 모이지 않는 것 같습니다."

"그렇겠지요…. 전단지로 모으고 싶은 것은 새로운 고객인데, 정작 이 전단지로 모이는 것은 기존 고객뿐이지요?"

"네! 맞습니다."

"기존 고객을 다시 찾아오게 하려면 장바구니 안에 단골 고객 한정의 전단지를 넣어두면 좋을 것입니다. DM(Direct Mail, 다이렉트 메일)으로 세일 정보를 보내거나 팩스 회원을 모집해서 팩스로 판매 정보 등을 보내는 것도 가능합니다. 더욱이 최근에는 이메일을 이용해 타임세일 등을 안내하는 것도 가능합니다. 상품을 나열한 전단지로 신규 고객을 모으는 것은 비효율적입니다. 전단지를 뿌린 효과는 어떻습니까?"

"손익을 따져보면 적자입니다."

"그럼 왜 계속하는 것입니까?"

"이익이 없어도 매출이 일시적으로 20% 정도 오릅니다. 그래서 손해볼 줄 알지만, 마치 마약과 같아서 멈출 수가 없습니다."

'마약과 같아서 멈출 수가 없다'라는 말이 귓가에 맴돈다.

현금 장사이므로 매출은 현금으로 들어온다. 반면, 전단지 비용의 지불은 두 달 후다. 그러니 현금을 기준으로 하면 장부의 손익 계산의 결과가 맞는다. 하지만 이래서는 언젠가는 망하게 된다.

전단지를 뿌려서 일시적으로 매출을 올린다는 것은 허울은 좋다. 하지만 이런 방식은 결국 죄악과 같다.

어떤 기업에서 신축주택 광고 전단지에 관해 내게 상담을 요청했다. 사장님은 "이것은 최후의 기회입니다. 제게는 최후의 도박입니다. 이 전단지로도 실패하면 우리 회사는 망합니다"라고 심각하게 말했다.

상품은 좋았다. 하지만 그 전단지로는 상품의 질이 그다지 잘 전달되지 않았다. 전단지의 내용을 완전히 바꾸면 반응은 좋아질지도 모른다. 하지만 나는 그때 이렇게 생각했다.

'반응이 좋아져서 고객이 확보되면 그 후는 어떻게 될까?'

돈이 없을 때의 도박만큼 불리한 도박은 없다. 돈이 있을 때의 도박은 이기지만, 돈이 없을 때의 도박은 지는 법이다.

나는 그 사장님에게 이렇게 전했다.

"이렇게 좋은 주택을 지을 수 있으니 위험하게 리스크를 무릅쓰기보다는 지금까지 인연을 맺었던 단골 고객에게 모니터링을 부탁해보세요. 우선 그분들에게 그 주택에서 살아보게 하는 것입니다. 그럼 주택에 대한 평판을 들을 수 있고, 소개도 받을 수 있을 것입니다. 당장은 이익을 얻지 못해도 괜찮지 않나요? 조금 시간은 걸리지만, 그렇게 입소문이 나게 해서 이익을 얻는 확실한 방법입니다. 오히려 지름길이지요."

"이 전단지로도 실패하면 우리 회사는 망합니다."

그럼 전단지를 뿌리는 것을 그만두면 된다. 굳이 물도 안 나오는 우물을 계속 붙잡고 팔 필요는 없다. 하지만 그런데도 과거부터 이어진 습관으로 좋은 전단지를 만드는 데만 최선을 다하게 된다. 다른 여러 가지 방법이 있지만, 그것을 보지 못하게 되는 것이다.

손을 뻗으면
풍부한 수맥이
거기에 있다

　　지금까지 컨설팅한 분들의 명예와도 관련이 있기에 다시 한번 강조하고 싶다.

　　이기는 조직과 지는 조직의 차이는 경영자의 능력에서 오는 것이 아니다. 앞서 예로 든 분들 역시 굉장히 우수한 경영자다. 그러나 우수하기에 오히려 과거의 성공 툴(Tool)의 개선에만 최선을 다했다. 그래서 지금의 시대에 가장 필요한 '변화에 대응하는 능력'을 잃어버리게 된 것이다.

　　그렇다면 이러한 이 '변화대응력'을 향상시키기 위해서는 어떻게 하는 것이 좋을까?

　　앞서 이야기한 것처럼, 말라버린 우물에서 빠져나오기 위해서는 우물을 파는 것을 멈추는 것이 가장 빠른 방법이다. 그리고 우물 밖으로 나와 주변을 둘러본다. 그러면 우물 밖에 신선한 물이 솟아 나오는 풍부한 수맥이 보일 것이다. 그 물이 풍부하다는 사실을 우선 인식하자. 그러면 변화하는 것이 즐거워진다.

예를 들어 설명해보겠다.
어떤 가전제품 매장에서 "사활을 걸었다"라는 이야기를 했다. 그곳은 대형 매장과의 저가 경쟁으로 굉장히 어려운 상황에 부닥쳐 있었다.
나는 '사활을 걸었다'라는 말을 믿지 않는다. 왜냐하면 사실 이러한 상황에서 살아남는 것은 간단한 일이다.
"사활을 거신 거네요."
"그렇습니다. 격전입니다."
"상대는 대형 매장입니다. 매출 3조 원의 기업입니다. 가격으로는 경쟁할 수 없습니다. 대형 매장에서 지금까지는 가격으로 승부했지만, 앞으로는 서비스도 충실히 할 것입니다. 객관적으로 생각해서 승산이 있는 싸움일까요? 승산이 없는 싸움일까요?"
"아마도 없겠죠."
"그럼, 가게 문을 닫으세요."
"…."
"가게 문을 닫으면 어떻게 됩니까?"

"가족은 길거리에 나앉게 되겠죠. 새로운 일자리도 찾지 않으면 안 됩니다. 하지만 무엇을 시작해야 좋을지….'"

"가게 문을 닫으면 정말로 굶을 수밖에 없을까요? 저희 제품을 산 고객들에게 애프터 서비스를 할 수 있잖아요?"

"맞네요. 애프터 서비스를 하면 당분간은 어떻게든 먹고살 수 있을 것 같아요."

"가게를 닫으면 고정비가 들지 않습니다. 또한, 직원 수도 줄일 수 있기에 반대로 생각하면 오히려 돈을 벌 수 있지 않을까요?"

"그럴지도 모르겠습니다."

오해하지 않았으면 좋겠다. 나는 "문을 닫아달라"라고 설득하려는 것이 아니다. 하지만 우물을 파는 것을 멈추지 않으면, 새로운 수맥이 거기에 있다는 것을 영원히 눈치챌 수 없다. 그러므로 '가게 문을 닫는다'라는 최악의 사태를 상정해보길 바란 것이다.

그럼 최악이라고 생각했던 사태가 '그렇게 나쁘지 않네' 하는 희망으로 전환된다.

"현재 고객 명부에 적힌 고객 수는 어느 정도가 됩니까?"

"약 1만 5,000명입니다."

"그렇다면 80대 20의 법칙을 생각해보면 약 3,000명 정도의 고객이 지속적으로 상품을 구매해주는 단골 고객이라는 이야기가 되겠군요."

"네, 대충 그 정도일 것입니다."

"그 3,000명 정도의 명부를 기반으로 통신 판매를 새로 시작해서 건강식품을 판매한다면, 어느 정도의 연 매출을 올릴 수 있을까요? 적어도 10억 원은 될 것이라고 생각합니다. 게다가 마진율은 최저 50~60% 정도일 것입니다. 이 통신 판매를 3명이 함께해보는 것입니다. 그럼 살아남는 정도가 아니라 벤츠 정도는 탈 수 있을 것 같네요."

여기에서 '우리는 가전제품 매장이니 건강식품 같은 것을 파는 것은 좀 아닌 것 같다'라고 생각하는 분도 계실 것이다. 나는 건강식품을 팔라고 말하고 있는 것이 아니다. 상품은 무엇이든 괜찮다.

핵심은 자신이 팔고 싶은 것을 판매하는 것이 아니라 고객이 원하는 것을 판매하는 것이다. 이것이 바로 장사의 원점이 아닐까?

고객이 건강식품을 원한다면, 건강식품을 판매하면 된다. 고객이 가전제품을 수리해주길 원한다면, 수리업체로 전환하면 되는 것이다. 제조 회사에서는 "가전제품 업계에서 살아남아야 한다!"라며 위기감을 조성할 것이다. 건강식품 판매나 가전제품 수리 등은 자신들의 상품을 파는 것과는 상관없기 때문이다. 여러분과는 상관이 없다. 제조 회사를 기쁘게 해주지 않아도 된다. 고객이 기뻐한다면 그것으로 괜찮지 않을까?

가전제품은 고장나지 않으면 수요가 발생하지 않는다. 그러므로 고장이 났을 때, 타이밍 좋게 DM이나 문자를 발송하는 것이 매출 신장의 열쇠가 된다. 그 때문에 다른 업계보다 고객 데이터 베이스의 관리가 잘되어 있다. 구입 이력은 물론이고, 가족 구성부터 생년월일까지, 무엇이든 데이터에 입력되어 있다. 다른 업계에서 보면 군침을 흘릴 만한 정보일 것이다.

이 데이터 베이스는 가장 큰 자산이다. 합법적으로 현금을 인쇄할 수 있는 현금 기계인 것이다. '에이, 결국 신규 사업을 시작하라는 것인가…'라고 생각할지도 모른다.

신규 사업이라고 하면 겁부터 내는 사람들이 많다. 신규 사업에는 많은 리스크가 따르기 때문이다. 리스크가 큰 변화를 굳이 일으키고 싶어 하는 사람은 별로 없을 것이다. 하지만 리스크가 없이 신규 사업을 시작할 수 있다면? 거기다 그 신규 사업에 시동을 걸음으로써 본업도 활성화될 수 있다면?

사활을 건다는 회사는 예외 없이 오랫동안 장사를 해왔다. 이 말은 고객에게 선택된, 다시 말해 절대적인 신용을 받았다는 의미다. 이 신용이 있기에 보통의 회사가 신규 사업을 하는 것보다 100배 편하게 새로운 것에 도전할 수 있다. 지금까지 거래해온 단골 고객이 여기저기 이야기해주고, 입소문을 내주게 만들 방법만 알면 새로운 것에 도전하는 것은 전혀 두렵지 않다. 오히려 변화를 즐길 수 있다. 웃는 얼굴로 새롭게 출발할 수 있는 것이다.

풍부한 우물의 물도
퍼 올리다 보면
언젠가는 마른다

사활을 건 회사와 비교해서 현재 순조롭게 손님을 끄는 회사는 어떤가? 그러나 이 회사 역시 안심하고 있을 수만은 없다. 우물은 반드시 마르게 되어 있기 때문이다. 그리고 최근 통감하는 것은 우물에서 물이 솟아오르는 시간이 굉장히 짧아졌다는 것이다. '이러한 상황을 어떻게 극복하는가'를 생각하는 것이, 이기는 조직과 지는 조직을 나눌 수 있는 또 하나의 요인이 될 것이다.

왜 기회는 찰나의 순간에 찾아와 사라지는 것일까?
이것에 대해서 깊이 생각하기 시작한 것은 내 강연회에 온 참가자와의 토론이 계기가 되었다. 일본식 된장, 간장을 통신 판매하고 있던 주조 회사의 상무였는데, 그는 이렇게 말했다.

"신문에 주기적으로 작은 광고를 하나 내고 있는데, 광고 1회에 100명 정도의 가망고객이 모입니다. 그중 실제로 구매고객이 되는 것은 40% 정도입니다."

이 숫자는 업계의 관계자가 들으면 굉장히 부러워할 만한 수치다.

이 말을 듣고 건강식품의 통신 판매를 하고 있던 '주식회사 야마모토'의 야마모토 사장은 이런 조언을 했다.

"한번 틀이 잡혔다면 바로 전국적으로 시장을 넓히는 게 좋아요."

나는 이 조언을 들었을 때, '왜?'라는 의문이 들었다. 일본식 된장, 간장은 유행을 탈 리가 없는 상품이다. 신문 광고로 성공했으니 서서히 조금씩 광고하는 매체를 넓혀나가면 판매량이 떨어지지는 않지 않을까?

나는 물었다.

"지금까지 손이 닿지 않았던 지역이나 신문에 광고를 낸다면 반응이 떨어질까요?"

내 질문에 야마모토 사장은 딱 잘라 말했다.

"그렇습니다. 반응은 곧 시들 것입니다. 그러므로 현재 잘나가고 있다면, 바로 판매망을 확대하는 것이 좋습니다."

야마모토 사장은 자신의 경험담을 통해 확신하며 말했지만, 당시의 나는 이해를 하지 못했다. 하지만 지금은 야마모토 사장의 생각에 공감하며 이해할 수 있다.

기회는 찰나의 순간에 찾아온다. 이 기회를 놓쳐버리면 다음 기회는 언제 올지 모른다. 그러므로 시류에 편승했을 때, 광고를 이용해서 모을 수 있는 만큼 고객을 모은다. 그 후는 입소문 중심의 영업 방법으로 변경해나가면 된다.

즉, 광고에 대한 반응이 사라진다고 해도 입소문과 소개만으로 충분히 비즈니스를 할 수 있는 체제를 갖춰두는 것이다.

왜 기회는 일시적으로 찾아올까?

그런데 왜 이런 신기한 일이 일어나는 것일까?

조금 지루한 이론적인 이야기가 될 수 있지만 들어주었으면 좋겠다.

이 세상의 모든 것에는 라이프 사이클(Life Cycle)이 있다. 인간이라면 태어나서 성인이 되고, 늙고, 죽는 순환 과정을 거친다. 이 순환은 우주, 별, 식물부터 광물까지 모든 만물에 적용되는 법칙이다. 불교에서 말하는 윤회사상이다.

마케팅 관련 도서를 살펴보면, 상품의 라이프 사이클은 도입기, 성장기, 성숙기로 나뉜다. 그리고 각각의 시기를 그래프로 살펴보면 다음과 같다.

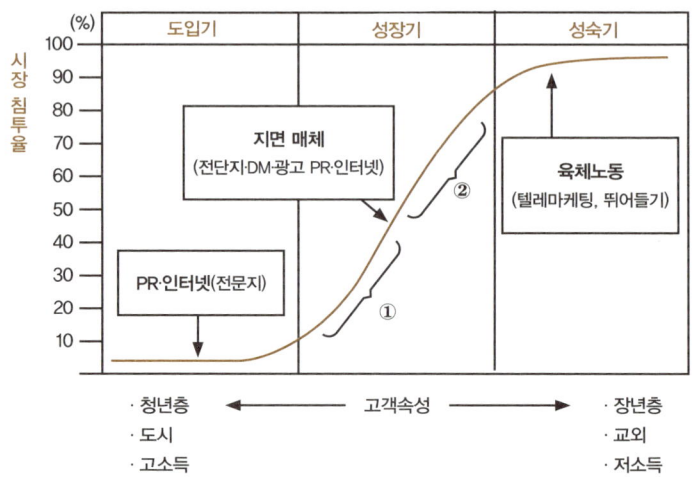

　'내가 이런 당연한 이야기를 듣기 위해서 이 책을 산 것이 아니야!'라고 화를 낼 수도 있을 것이다. 하지만 조금만 참아주길 바란다. 이 성장 곡선은 아마 여러분이 생각한 것보다도 응용할 곳이 많을 것이다. 이 곡선에는 인생의 성공법칙이 가득 담겨 있다고 해도 과언이 아니다. 하지만 이 중요성을 많은 사람들이 이해하지 못하고 있다.

　꼭 이해했으면 하는 점은 '회사가 펼쳐야 할 영업 전략은 도입기, 성장기, 성숙기 각각에 따라 다르다'라는 것이다. 시기에 따라 효율적인 집객 방법이 다르다.

　그런데 그것을 잘 모르기에 대부분의 회사가 시기를 못 맞추고,

다른 시기에 다른 방법을 실행해 손해 보지 않아도 될 돈을 손해를 보게 되는 것이다.

그럼 이 3가지 시기에 각각 어떤 집객 방법을 활용해야 할까?
우선 '도입기'를 살펴보자.

이 시기에 상품의 광고비를 투입하는 것은 진흙탕에 돈을 버리는 것과 같다. 그런데 많은 기업들이 광고에 많은 돈을 투자한다. 도입기의 상품은 새로운 상품, 즉 본 적이 없는 상품일 것이다. 경쟁 상품이 없기 때문에 일반적으로는 '이런 상품을 다른 데서는 본 적이 없을 테니 잘 팔릴 거야'라고 생각하기 쉽다. 하지만 현실은 그렇지 않다. 실제 상품 판매를 개시하면, 생각보다 잘 팔리지 않는다. 왜 팔리지 않을까? '이 상품은 다른 곳에서는 없으니까 팔릴 거야'라고 생각하는 것이 애석하게도 팔려고 하는 당사자뿐이기 때문이다.

고객의 입장에서 보면 '본 적도, 들은 적도 없는' 상품이기에 인지조차 하지 않는다. 그래서 회사가 광고를 통해 인지시키려고 하면, 막대한 비용이 소요된다. 가볍게 100억 원 정도는 날려버릴 각오를 해야 한다. 그러나 이러한 막대한 비용은 세금이 절약되는 정도로밖에 돌아오지 않을 것이다.

그러므로 이러한 방법은 돈을 어디에 써야 할지 고민하며 돈 쓸 곳을 찾고 있는 대기업에 맡기는 편이 좋다. 현명한 중소기업은 도입기의 상품을 판매하려고 할 때, 광고 홍보에 큰돈을 들이지 않는다. 이 시기는 매스컴에 기사를 내는 PR 활동에 중점을 두거나 이 책의 테마인 '입소문 마케팅'을 하는 것이 최선의 방법이다.

다음으로 상품이 '성장기'에 접어들면, 이번에는 광고가 집객의 주역으로 바뀐다. 성장기에 들어왔는지 아닌지는 첫째, 두 자릿수 성장이 지속되고 있는가, 둘째, 경쟁 상품이 급격히 증가하기 시작했는가, 셋째, 가격이 하락하기 시작했는가를 기준으로 판단할 수 있다.

예를 들어, 팩스나 휴대전화가 보급되는 과정을 떠올려보자. 두 제품 모두 당시에는 가격이 굉장히 비쌌다. 그런데 어느 시점부터 많은 경쟁 회사들이 등장하기 시작했고, 가격이 하락했다. 이것이 발단이 되어 급속도로 사용자가 증가하기 시작했다. 간단하게 말하면, 성장기에 접어든 것이다.

성장기의 상품은 광고비가 많이 들지만, 그 비용이 충분히 회수될 수 있을 정도로 고객의 반응이 좋다. 극단적으로 말하면 광고를 하지 않아도 다른 회사와 다른 방식으로 접근만 한다면, 에스컬레이터를 타고 올라가는 것처럼 고객이 느는 시기인 것이다. 하지만 단숨에 고객 수를 늘리기 위해서는 광고 홍보라는 도구를 활용하는 것이 전략상 효과적이다.

성장기는 비용 대비 효과적으로 고객 수가 늘어난다는 장점이 있지만, 동시에 많은 라이벌 회사가 생겨 가격 경쟁이 시작되기에 이익률이 낮아진다. 더욱이 성장기의 후반이 되면 성장률 자체가 점차 기울어지기 시작한다. 광고 선전의 반응은 낮아진다. 이 시기가 성장 곡선의 ②번 부분이다.

이처럼 이론적으로 생각해보면 중소기업이 광고 홍보를 가장 효율적으로 활용할 수 있는 시기는 성장기의 전반부밖에 없다(성장 곡선의 ①번 부분). 이 시기를 얼마나 유지할 수 있느냐가 문제인데, 현재 많은 상품이 1년, 길어도 2~3년 정도 유지된다. 즉, 이 시기를 놓치고 나중에 고객을 모으려고 하는 것은 굉장히 위험한 투자가 될 수 있다.

단품에 집중해야
광고 효과가 있다

성장기를 지나면 이번에는 '성숙기'에 접어든다. 이 시기는 도태의 시기라고 할 수 있다. 돈을 물 쓰듯 하는 기업들이 전쟁에 돌입한다. 중소기업이 대기업과 같은 수준으로 광고 홍보를 한다 해도 비용 대비 효과가 굉장히 낮아 체력만 소진하게 된다.

이 시기에 자본력이 없는 회사가 취해야 할 유효한 수단 중 하나가 바로 '전문화'다. 상품을 축소해나가 전문화함으로써 광고 홍보의 반응을 다시 향상시키는 것이다.

성장기에는 많은 상품을 광고하는 편이 매출을 올리는 데 효과적이다. '우리 회사는 많은 상품이 갖춰져 있기에 가격이 저렴합니다'라는 식으로 많은 수의 상품을 배열한 전단지가 반응이 좋다.

하지만 성숙기에 접어들면 이러한 백화점식으로 상품을 나열해서 홍보하는 방식으로는 반응을 얻기 힘들다. 이 시기는 성장한 상품만으로 압축해서 전문화하는 편이 고객의 반응을 얻을 수 있다. 백화점 형식의 광고와 비교해서 반응이 몇 배나 높아질 것이다.

예를 들어보자. 여러분은 캐주얼웨어 브랜드인 유니클로의 광고를 본 적이 있을 것이다. 후리스 제품사진을 크게 게재해놓고 19,000원이라는 문구를 적었다. 한 가지의 상품으로 압축해서 광고한 것이다. 왜냐하면 캐주얼웨어 업계도 성숙기에 접어들어 백화점 형식의 상품을 나열하는 방식의 광고로는 반응을 얻기 어렵기 때문이다. 성숙기에는 한 가지의 핵심 상품으로 압축해야 광고의 반응을 높일 수 있다.

이때, 주의해야 할 것은 '판매하는 상품의 종류를 압축'하는 것이 아니라는 점이다. '광고하는 상품을 압축'하는 것이다. 고객이 매장을 방문한 후에는 매장에 상품이 가득해도 문제가 없다.
유니클로의 점포에 가보면 팔고 있는 것은 후리스뿐만이 아니다. 당연히 그 외의 많은 캐주얼웨어가 즐비하게 있다. 즉, 효율 높은 광고 홍보로 고객을 매장으로 이끈 후에는 어떤 것이든 팔아도 상관없다는 것이다.

이와 같은 전략을 취하는 경우는 그 밖에도 많다. 예를 들어, 도장 판매 회사가 있다. 이 회사는 유명한 신문에 빈번하게 광고를 내고 있다. 나는 이 회사의 광고를 보면서 '도장처럼 구매 빈도가 낮은 상품이라도 신문에 저렇게 큰 광고를 낼 수 있구나' 생각했다. '아마 원가가 저렴하겠지' 하고 그다지 상품의 질을 기대하지 않고 주문했다. 하지만 예상은 빗나갔다. 도장의 질은 굉장히 좋았다.

도장의 질뿐만 아니라 고객 서비스도 성실했고, 그 후 종합 카탈로그도 자주 보내주었다. 나는 카탈로그를 보고 깜짝 놀랐다. 판매하고 있는 것은 도장만이 아니었다. 문구류, 건강식품에서 노년층을 위한 기저귀까지 판매하고 있었다. 다시 말해 도장은 단순히 고객 리스트를 확보하기 위한 수단에 지나지 않았던 것이다.

이처럼 성숙기에 접어든 업계의 경우, 상품을 압축해서 고객 리스트를 확보하는 것이 중요하다. 그다음에 상품 종류를 늘려가는 것이다. 이것이 가장 효율적인 전략이다.

미국 브랜드 'GAP'은 캐주얼웨어를 발판 삼아 스니커즈, 비누, 향수, 화장품 등의 주변 제품으로까지 시장을 넓혔다. 또한, 인터넷 서적 판매 기업인 아마존닷컴은 서적을 주축으로 해서 고객 리스트를 모아 최근에는 CD에서 장난감에 이르기까지 각종 상품을 취급하고 있다.

이처럼 성숙기에 들어간 경우는 전문화함으로써 광고 선전의 반응을 높일 수 있다. 하지만 전문화하기 위해서는 상품이나 회사 구조 자체를 재검토할 필요가 있다. 그러나 그 재검토 과정이 항상 잘 되리라고는 보장할 수 없다.

따라서 성장기에는 비용 대비 효과를 높이기 위해서 광고 홍보를 활용하고, 단숨에 고객 리스트를 확보해야 한다. 그리고 그 좋은 시기가 끝나기 전에 성숙기를 대비해서 입소문, 소개 등의 비용이 들지 않는 시스템을 구축해두는 것이 가장 안정적으로 이익을 확보할 수 있는 방법이다.

입소문·소개를
시스템으로
도입하라

극단적으로 말하면 성장기에는 버블 경기와 같이 누구라도 이익을 낼 수 있다. 하지만 그 시기에 무엇을 하느냐에 따라 향후 사업의 안정성이 결정된다.

월동 준비를 하지 않고 편하게 게으름이나 부리고 있다가는 무거운 대가를 치러야 한다. 한 가지 예를 들어보겠다.

두 개의 회사가 욕실용 정수기를 같은 시기에 발매했다. 두 회사 모두 기존 고객을 2,000~3,000명 정도 보유하고 있었다. 또한, 두 회사 모두 정수기가 메인 상품으로, 수년 전부터 100만 원 이상 하는 정수기를 판매해왔다. 하지만 그 메인 상품의 성장에 그림자가 드리워지자 관련 상품으로 욕실용 정수기를 발매하게 된 것이다.

두 회사 모두 DM을 활용해서 고객에게 신상품을 알렸다. 한 회사가 판매한 욕실용 정수기의 가격은 80만 원이었고, 다른 회사의 판매가는 8만 원이었다. 제품의 품질은 DM으로는 알 수 없다. 왜냐하면, 두 회사의 광고 문구가 거의 비슷했기 때문이다.

그렇다면 여러분은 어느 회사의 정수기가 더 높은 반응을 얻었을 것이라 생각하는가? 상식적으로 생각해보면 가격이 낮은 쪽이 반응이 좋을 것이라 여길 것이다. 하지만 실제로는 80만 원의 고가 상품이 7%의 판매율을 보였고, 8만 원의 저가 상품은 2% 정도의 판매율에 그쳤다.

나는 8만 원의 가격대라면 최소 11%, 최대 20%의 구매율을 목표로 할 수 있지 않을까 생각했다. 그래서 반응이 낮았던 회사의 사장님에게 솔직하게 물어보았다.
"이전에 이 회사의 상품을 산 소비자들이 '사지 않았다면 좋았을 것을…' 하고 후회했을 가능성은 없을까요?"
그러자 그 사장님은 굉장히 겸손하게 답했다.
"그럴지도 모릅니다. 이전의 상품을 구매한 고객들을 그대로 내버려둔 대가가 낮은 판매율로 나타난 것이라고 생각합니다."
수년 전의 고객에 대한 대응이 성장률에 큰 영향을 끼친다. 당연하다고 하면 당연한 이야기다. 하지만 두 회사의 매출 결과를 숫자로 명확하게 표현하면 등골이 오싹해진다.

성장기에는 '고객은 우물의 물이 솟아오르는 것처럼 그냥 찾아오는 것이다'라고 생각하기 쉽다. 하지만 좋은 시기일수록 다음 시기를 대비한 준비를 하지 않으면 안 된다. 왜냐하면 좋은 시기도 반드시 몇 년 안에 끝이 오기 때문이다. 그 성장에 그늘이 드리워지고 난 후에 새로운 고객을 찾는 것은 가시밭길을 선택하는 것과 마찬가지다.

"광고 홍보는 3년 후에 끝내버립시다!"
지금까지 이야기한 것을 한마디로 정리하면 이와 같다. 광고를 그만두는 것을 전제로 한 경영이 필요하다는 것이다.
내가 예전의 어느 강연회에서 이 이야기를 하자 어느 회사의 사장이 걱정을 했다.
"모두가 광고를 그만두게 되면 간다 선생님은 어떻게 살아가나요?"

내가 광고 홍보의 반응을 높이는 방법에 대해 강연을 하고 있었기에 걱정이 되었던 것이다. 하지만 나는 진심으로 그렇게 생각한다. 광고 홍보의 목적은 광고비를 전혀 들이지 않는 회사를 만들기 위해서다.

나는 창업 당시부터 광고 홍보를 활용했다. 2.25평 정도의 사무실을 준비하고 나서 3개월 후에 〈니혼게이자이〉 신문의 1면에 광고를 냈다. 당시 〈니혼게이자이〉 신문에 광고하는 회사 중 2평 남짓한 회사는 나밖에 없었을 것이다.

광고를 내는 컨설턴트는 극히 드물다. 그런데도 내가 광고를 고집한 이유는, 광고를 활용하면 내 자신의 육체적인 한계를 넘어서 24시간 고객을 모을 수 있을 것이라 생각했기 때문이다. 그 덕분에 일본 최대 규모의 마케팅 실천 조직을 단기간에 설립할 수 있었다. 하지만 현재는 광고 홍보를 거의 하지 않는다. 왜냐하면 입소문과 소개만으로도 충분히 고객을 모을 수 있기 때문이다.

광고 홍보는 굉장히 중요하다. 하지만 현실적으로 1년 내내 할 수 있는 것은 아니다. 상품에는 흐름이 있다. 그 흐름을 따라서 고객 툴을 정확하게 사용했으면 좋겠다. 흐름을 역행해서 쓸데없이 돈을 낭비할 필요는 없다.

광고 홍보를 3년 후에 끝내기 위해서는 고객이 모이는 좋은 시기에 더 많은 고객을 확보해두고, 그때부터 입소문·소개 시스템 구축을 준비해야 한다. 입소문이라고 하는 최강의 힘을 아주 일부분을 이용하는 것이다.

그런데 입소문에 대한 잘못된 상식 역시 많기에 많은 회사들이 얻어야 할 이익을 얻지 못하고 매년 바닥에 버리고 있다. 이러한 잘못된 상식에서 벗어난다면, 여러분은 입소문의 힘을 컨트롤할 수 있게 될 것이다.

제2장 |

입소문 5가지 상식을
연구하라!

입소문 상식 테스트

문제 : 다음 문장 중 입소문에 관해 적절하게 기술되었다고 생각되는 것에는 ○를, 부적절하게 기술되었다고 생각되는 것에는 ×를 하라.

( ) 고객 만족도가 높으면 입소문이 난다.
( ) 상품의 품질을 높이면 입소문이 난다.
( ) 좋은 입소문보다 나쁜 입소문이 더 빨리 퍼진다.
( ) 입소문은 고객이 퍼뜨리는 것이다.
( ) 입소문은 어떤 업계에서든지 최고의 홍보 매체다.

'이런 질문이라면, 상식과 다른 답을 준비해둔 건 아니겠지…'라고 생각하고 있는가? 그렇다면 여러분은 출제 의도를 간파하는 데 성공했다.

답은 전부 다 ×다. 하지만 전부 ×라고 하면 오해가 있을 수 있으니 보충 설명을 하겠다. 앞의 문제들은 일반적으로 판매하는 사람들이 입소문에 대해서 '이렇지 않을까' 하는 일반적인 견해다. '입소문은 자기 마음대로 발생한다. 그러므로 최선을 다해서 성실하게 노력하면 된다'라고 생각하는 경우가 많다.

"성실하게 일하면 세상에서 인정받고, 이익을 창출할 수 있다."
이것은 부자들이 잡지에서 인터뷰할 때 많이들 하는 말이다. 왜 성공한 사람들은 '성실하게 일한다'라는 말을 좋아할까? 그것은 그렇게 말해두면 누구에게도 비난받지 않을 수 있기 때문이다. 부자들이 "음, 돈을 벌 만하니까 돈을 버는 거지" 하고 본심을 말한다면, 그는 다른 사람들에게 철저하게 배척당할 것이다. 그래서 성공한 사람들은 본심을 말하지 않고 그럴싸한 말을 하는 것이다. 이것을 진실이라고 받아들이면 착각을 하기 쉽다. 즉, '그래! 나도 성실하게 하다 보면 언젠가는 성공할 수 있을 거야'라는 환상을 가지게 되는 것이다.

'성실하게 일하면 된다'라는 것은 듣기에는 그럴싸하다. 하지만 현실적으로 누구에게도 비난받지 않는 그저 편한 선택지일 뿐이다. 또한, 열심히 해내는 일상 업무, 즉 머리를 쓰지 않는 노동을 정당화한다. 하지만 머리를 쓰지 않는 노동은 죄악이나 다름없다. 육체노동이란 전화하고, 서류를 정리하고, 잡무를 처리하는 작업을 말한다. 이런 일은 가치를 창출하지 못한다. 그리고 머리를 쓰는 것보다 5배는 쉽다.

부자는 육체를 사용하지 않고 머리를 쓴다. 그렇기에 일상 업무를 하며 "아, 바쁘다"라고 말하는 부자를 찾기는 어렵다. 일하지 않고 "1년의 반은 여행을 다니고 있어요"라고 말하는 사람일수록 돈을 잘 벌 확률이 높다. 이것이 현실이다.

상식에 따르면 상식적인 결과밖에 얻지 못한다. 입소문에 대해서도 이러한 상식으로만 생각한다면, 본질을 파악할 수 없다.

이번 장에서는 일반적으로 우리가 생각하는 입소문에 관한 상식에서 탈출을 시도해보자.

입소문 상식 탈출 1

- 고객 만족도가 높으면 입소문이 난다

10년도 더 전의 이야기다. 뉴욕에 살고 있을 무렵, 치과를 방문한 적이 있다. 토요일에 큰 치료를 받고 다음 날인 일요일에는 마취가 풀려 방에서 끙끙 앓고 있었다. 그때 전화벨이 울렸다. 일요일 오전에 대체 누가 전화를 한 것일까?

"안녕하세요, 간다 씨."

깜짝 놀랐다. 담당 치과 의사 선생님이었다. 무슨 긴급한 일이라도 생긴 걸까?

"이는 좀 어때요? 걱정이 되어 전화했어요. 만약 무슨 일이 있으면 이 번호가 저의 집 전화니까 언제라도 전화해주세요."

솔직히 말하면 굉장히 감동했다. 감동했을 뿐만 아니라 "미국의 치과 의사는 훌륭하다"라고 10년 이상 지난 지금도 계속 주변에 이야기할 정도다. 거기다 지금 이렇게 책에도 소개할 정도로 감탄했다.

왜 나는 이렇게 입소문을 내고 있는 걸까? 그 치과 의사의 치료 수준이 대단히 뛰어났느냐고 묻는다면, 결코 그렇지는 않았다. 사실 그 치과 의사가 치료하지 못한 치아를 내 사무실 주변에 있는 치과 의사가 아주 간단하게 치료했을 정도다.

나는 그 의사의 실력에 대해서 입소문을 내고 있는 것이 아니다. 일요일에 전화해준 그 의사의 태도에 나는 10여 년이 넘도록 감동하고 있는 것이다. 사무실 주변의 치과 의사에게 치료를 받고 완치되기 전까지 나는 그 뉴욕의 치과 의사를 명의가 틀림없다고 생각했다.

기대하지 않게 하는 고도의 테크닉

입소문이 난 것은 고객을 만족시켰기 때문이라고 생각할지도 모른다. 하지만 한번 생각해보자. 도대체 고객 만족이란 무엇일까?

일요일 아침, 자동차 대리점에서 전화가 온다면 우리는 감동할까? 아닐 것이다. 전화벨 소리조차 듣기 싫어 시끄럽다고 생각할 것이다. 그럼 일요일에 전화를 한다는 행위 자체는 같은데도 불구하고, 왜 치과 의사의 경우에는 감동을 받은 것일까?

그 이유는 '설마 그렇게까지 해줄 리가 없어'라는 생각, 즉 치과 의사에 대한 기대감이 낮기 때문이다. 그때, 한 통의 전화가 큰 감동을 준 것이다.

이처럼 기대가 낮으면 작은 것으로도 고객은 감동한다. 그리고 입소문을 내기 시작한다. 하지만 기대가 높으면 고객은 어떤 멋진 서비스를 받아도 감동하지 않는다. 그저 청구된 돈을 지불할 뿐이다. 즉, 기대와 현실의 차이가 사람의 마음을 움직이는 것이다.

무엇인가를 기대하지 않게 만들고 실제로 증명한 사람 중의 한 명이 고(故) 오부치 게이조(小渕恵三) 총리다. 그는 카리스마가 전혀 없는 것으로 유명했기에 누구도 그에게 기대하지 않았다. 그의 정치 능력에 대해서는 아무도 신경 쓰지 않았을 뿐만 아니라, 그저 웃음거리였다. 그런데 웃음거리가 되고 있는 사이에 조금씩 조금씩 그의 정치 실적이 오르면서 그에 대한 시선이 바뀌었다. "의외로 잘하고 있잖아?"라며 그의 지지율이 오르기 시작했다. 그리고 갑자기 세상을 떠나게 되자 그를 추모하고 그리워하는 분위기가 조성되었다. 기대받지 않았기 때문에 많은 지지를 얻을 수 있었던 사례다.

치과 의사, 그리고 오부치 총리와 같은 경우는 레스토랑에서도 볼 수 있다.

우리 가족은 과거에 어떤 레스토랑에 빠졌던 적이 있었다. 음식

도 굉장히 맛있었고, 분위기도 아주 좋았다. 심지어 가격도 괜찮았다. 그런데 어느 날부터 가지 않게 되었다. 왜냐하면 호텔과 견줄 수 있을 정도의 환경이지만, 주문하는 데 시간이 너무 걸렸기 때문이다. 웨이터가 테이블 주변에 없었기에 주문을 할 때는 매번 손을 들거나 몸을 크게 움직여야 했다. 떠들썩한 술집이라면 "여기요" 하고 큰 소리로 불렀겠지만, 호텔과 같은 분위기의 조용한 레스토랑이었기에 큰 목소리를 낼 수도 없었다. 그래서 배고픈 것을 참고 테이블에서 멍하게 기다릴 수밖에 없었다. 그러면 아이들은 배고픔을 못 참고 소란을 피웠다.

이런 것들을 신경 쓰기 싫어서 분위기도 평범하고, 맛도 평범한 보통의 패밀리 레스토랑을 가게 되었다. 거기는 맛도, 서비스도 대단하지는 않지만, 종종 점장이 작은 친절을 베풀어준다.

"언제나 감사합니다. 오늘은 포인트 카드를 가지고 오시지 않았나요? 그럼 영수증에 도장을 찍어드릴 테니 다음에 오실 때 가지고 오세요."

패밀리 레스토랑에서 특별한 대우를 받게 되면 묘하게 기쁘다. 하지만 공연히 기대치가 높은 레스토랑은 서비스에 작은 실수라도 발견되면 클레임을 걸고 싶어진다. 서비스가 나쁘기에 클레임을 거는 것이 아니다. 기대가 높기에 클레임으로 금세 이어지는 것이다.

많은 회사들이 고객의 기대를 너무 높여서 오히려 실패를 하게 된다. '이것도 할 수 있습니다', '이것도 가능합니다'라고 기대하게 만든다. 그렇지 않으면 사주지 않는다고 생각한다. 그런데 이것은 역효과다. 요즘의 고객은 "우리는 서비스도 가격도 품질도 모두 좋습니다"라고 하는 회사를 신용하지 않는다. 그 말을 듣게 될수록 어딘가 수상하다고 생각하게 된다.

무엇이든 기대를 하게 만드는 것보다는 할 수 없는 것은 할 수 없다고 말하는 것이 좋다. "우리는 이것과 저것은 할 수 없습니다. 그 대신 이 부분에서는 최고입니다"라고 말하는 것에 고객은 진실함을 느끼며 마음의 거리를 좁히게 된다. 고객은 "이것과 저것은 불가능합니다"라는 말을 듣고 '이 회사는 정직하다'라고 느끼는 것이다. 그 결과, 손님은 다음에 이어지는 말인 "이것은 최고입니다"를 무조건적으로 신용하게 된다.

최근에는 고객 만족이 가장 중요시되는 풍조이기에 입소문이 퍼지기가 오히려 어려워졌다. 고객의 기대를 높인 다음에 그 기대와 같은 서비스를 제공하면, 그 후엔 그저 돈을 지불하는 것 외엔 기대할 수 없다. 이래서는 입소문으로 이어지지 않는다.

고객의 기대를 전략적으로 낮추는 것이 중요하다. 고객의 기대를 낮춘 후에 그 이상의 서비스를 제공해야 한다. 그래야 고객은 여기저기에 이야기하고 싶어진다.

입소문 상식 탈출 2

– 상품이 좋으면 입소문이 퍼진다

여기서 퀴즈 하나를 내겠다. '좋은 사람'은 입소문이 날까?

아마 화제는 될 것이다. 하지만 연예계를 보면 알 수 있듯이 소문이 나는 것은 보통 위험한 분위기를 풍기는 남자나 마성의 여배우의 스캔들 정도다. 단순히 '좋은 사람'이라는 것만으로는 쉬이 화제가 되기 어렵다.

"저 사람, 좋은 사람이지요?"라고 누군가에게 질문을 받아도 "응, 맞아. 좋은 사람이야" 하고 답하면 끝이다. 그 주제로 더 이상 대화는 이어지지 않는다.

'좋은 사람', 다시 말해 단순히 '좋은 상품'으로는 입소문이 퍼지지 않는다. 상품의 품질이 좋은 것은 입소문이 나서 팔리기 위한 조건 중 하나에 불과하다. 그것은 어디까지나 최소한의 필요조건일 뿐이지, 충분조건은 아니다. 그렇다면 입소문이 나기 위한 충분조건은 대체 무엇일까? 그중 하나가 바로 '극적인 체험'이다.

일본에 '이치란'이라는 라면 체인점이 있다. 후쿠오카에서 시작된 이 라면 체인점은 언제나 밤늦게까지 손님이 줄을 서서 기다린다. 이치란은 입소문으로 유명해진 전형적인 가게라고 할 수 있다. 맛있는 것은 당연하다. 이 가게는 다른 곳과 차별점이 있다. 입구에 선 손님은 우선 당황한다. 착석하면 옆에 칸막이가 있어 주변이 보이지 않는다. 함께 온 친구와도 이야기할 수 없다. 손님은 좁은 공간에서 라면을 먹게 된다. 이치란에서는 이 공간을 '음식 집중 카운터'라고 부른다. 먹을 때 불필요한 것을 아예 없애고 맛에 집중할 수 있도록 고려해서 만든 시스템이다.

그 외에도 기다리는 시간을 전광판에 표시하거나 손님이 주문을 할 때, 맛의 기호를 자신이 직접 폼에 기입해 직원에게 전달하도록 하는 등 보통의 라면 가게와는 분위기가 크게 다르다. 이러한 시스템으로 손님은 라면뿐만 아니라 그 가게의 독특한 공간에 압도된다. '재미있다', '대단하다', '특이하다'라는 형용사가 따라붙게 되는 극적인 공간을 만든 것이다.

더욱이 이 가게는 손님의 기억에 남을 만한 흥미로운 장치가 또 있다. 라면을 먹기 위해 자리에 앉으면 눈앞에 빨간 천이 걸려 있는 것이 보인다. 빨간 천에는 그 가게에 대한 정보가 적혀 있다. 친구와 함께 와도 마주 보고 이야기할 수 없으니 손님은 그것을 묵묵히 읽을 수밖에 없다. 빨간 천에는 다음과 같은 이야기가 적혀 있다.

"일본 최초의 회원제 라면 가게다. 다른 가게의 라면은 한 입도 먹어보지 않았고, 일본 전통 요리를 연구해 이치란만의 독특한 소스를 완성했다."

여러분이라면 이 가게에서 라면을 먹은 후, 친구와 무슨 이야기를 나누게 될까?

"일본 최초의 회원제 라면 가게다", "일본 전통 요리를 연구해서 만든 라면이다"라는 말을 쓰게 될 것이다. 왜냐하면 빨간 천에 적힌 이야기가 머릿속에 새겨졌기 때문이다. 또, 단순히 '맛있다'라는 정보보다는 '회원제', '일본 전통 요리'라는 단어를 사용해서 구체적으로 표현하면, 친구에게 전달도 쉽게 될 것이다. 즉, 입소문이라는 '말 전달하기 게임'을 하기 위해서는 전달하기 쉬운 키워드를 선택해야 한다.

거기다 이치란 매장 오른쪽 벽에는 지갑에 들어갈 만한 크기의 명함이 손쉽게 가져갈 수 있도록 준비되어 있다. 그 명함에는 앞서 말한 이치란의 정보와 메뉴, 그리고 매장 위치가 게재되어 있다. 맞다. 이 명함은 한번 내점한 고객이 주변의 다른 사람에게 입소문을 낼 수 있도록 만들어진 장치다.

이처럼 입소문이 되기 위해서는 상품의 품질뿐만이 아니라 극적인 체험이나 말 전달 게임을 능률적으로 이끌어가기 위한 장치가 필요하다. 상품을 파는 쪽에서는 품질에 대해 굉장히 예민할 것이다. 품질이 좋으면 평판이 좋을 것이라고 생각한다. 하지만 고객은 파는 사람만큼 상품에 대한 지식을 가지고 있지 않으므로 품질은 정확하게 판단할 수 없다. 그렇기에 고객은 자신이 인식할 수 있는 수준에서 상품의 품질을 판단한다.

예를 들어, 나는 치과 의사의 기술에 대해 정확하게 알 수 없다. 하지만 전화로 안부를 묻고, 안 묻고의 차이는 인식할 수 있다. 그래서 일요일에 안부 전화를 해주는 것으로 그 사람을 명의라고 생각하게 되는 것이다.

이처럼 기대와 현실의 차이가 어떤 체험(극적인 체험)과 만나게 되면, 고객은 차이를 인식한다. 그 차이가 크면 클수록 감정의 균형이 무너진다. 이 무너진 균형을 회복하기 위해서 사람은 이야기를 하고 싶어진다. 이야기하지 않으면 왠지 안정이 되지 않는 상태가 된다. 이것이 입소문의 원동력이다.

그러므로 철저하게 연출된 공간을 만들면, 화제가 될 것이다. 그 전형적인 예가 디즈니랜드다. 처음 디즈니랜드가 화제가 된 것도 '청소하는 직원들까지도 연기를 한다'라는 특징 때문이었다. 기대와 현실의 차이가 크다면 소문은 자연스럽게 생기기 마련이다. 이치란도 매장이 가진 특색 없이 그저 라면이 맛있다는 것만으로는 그렇게까지 입소문이 나지 않았을 것이다.

맛에 관한 현실과 기대의 차이, 즉 다른 가게와의 맛의 차이가 벌어졌다고 해도 그것만으로는 한계가 있다. 하지만 그 외의 다른 부분, 다시 말해 맛과 무언가를 느끼게 하는 이야기, 주문 시스템, 연출된 테이블 환경을 통해서 차이를 벌리는 데 멋지게 성공한 것이다.

고객은 매장에 들어서자마자 '와, 여기 너무 신기하네'라고 생각하게 되면서 감정의 균형이 무너진다. 균형이 무너지면 마음이 진공 상태가 되어 새로운 정보를 받아들일 준비를 하게 된다. 그때, 빨간 천에 적힌 이야기를 읽게 된다. 그렇게 '일본 최초의 회원제', '일본 전통 요리를 연구' 같은 알기 쉬운 키워드가 머리에 박히게 된다. 그리고 그 단어를 말 전하기 게임처럼 다른 사람에게 전달하게 되는 것이다.

고객이 가장 기대하지 않는 것은 어느 부분일까? 그리고 고객에게 어떤 극적인 순간을 체험하게 할 수 있을까? 이것이 여러분의 회사가 입소문이 나게 만들 포인트다.

입소문의 차이 이론

상식은 잡념으로 가득 차 있는 머리에 기대와 다른 정보가 들어왔을 때, 입소문을 불러일으킨다.

차이 = 현실 – 기대

· 현실 : 실제로 경험한 내용
· 기대 : 사전에 예상한 내용

입소문 상식 탈출 3

- 나쁜 입소문일수록 빨리 퍼진다

예전에 이탈리아가 원산지인 세탁기의 수입 판매를 기획한 적이 있었다. 그 상품은 세탁과 건조를 한 번에 할 수 있는 제품이었는데, 당시 비슷한 기종이 다른 회사에서도 통신 판매로 대량 판매되고 있었다. 조사해보니 상표는 달랐지만, 내용물은 내가 수입하려고 했던 기종과 같았다. 어떤 대형 제조 회사가 이탈리아 공장에서 만든 OEM 상품이었다.

그 제품의 품질을 확인하기 위해서 고장률을 조사했다. 그러자 이 세탁기는 고장률이 40% 이상의 문제가 있는 기종이라는 것이 판명되었다. 다른 나라에서는 '세탁과 건조가 한 번에' 된다는 장점으로 유명한 것이 아니라, '세탁, 건조, 요리를 한 번에'라며 비웃음을 당하고 있었다. 즉, 종종 불길을 내뿜었기에 "이 제품은 계란 프라이를 할 수 있는 조리 기능도 가지고 있다"라고 조롱을 받고 있었다. 리콜이 필요한 문제 상품이었다.

나는 당연히 일본에서도 고객들의 불만이 폭발할 것이라 생각했다. 하지만 조사해본 결과, 불을 내뿜을 가능성이 있는 세탁기에 고객은 크게 만족했다. "이 세탁기는 최고다"라고 굉장히 기뻐하며 여기저기 입소문을 냈다. 나는 이해가 되지 않았다.

비즈니스의 상식에 '3대 33의 법칙'이라는 것이 있다. 이는 만족스러운 상황에서는 3명에게 말하지만, 불만족스러운 경우에는 33명에게 소문을 낸다는 것이다. 간단하게 말하면, "나쁜 소문은 좋은 소문보다 10배 빨리 전달된다"라는 것이다. 이 법칙이 적용된다면, '불을 내뿜는' 제품이라면 굉장히 빠른 속도로 악평이 퍼져야 했다. 그런데 현실은 그렇지 않았다.

왜 나쁜 소문이 퍼지지 않았을까? 나는 2가지의 원인을 생각했다. 첫 번째는 비싼 세탁기를 샀다는 자체만으로도 만족한 것이다. 자신이 행한 구매 결정이 잘못되었다는 것을 인정하고 싶지 않았기에 상품의 질에 약간의 문제가 있더라도 그것을 눈감아버린다. 불을 뿜는 부분에서도 '역시 이탈리아 제품이군' 하며 납득해버리는 것이다. 신형 페라리에 녹이 슬어 있다고 해도 '역시 페라리야'라고 감탄하게 되는 것과 같은 심리인 것이다.

또 다른 이유로는 내가 생각한 것보다 많은 사람이 '세탁기를 화제로 삼지 않는다'라는 점이다. 이 이탈리아 세탁기를 산 고객 중 몇 명 정도는 굉장히 빨래를 좋아할 것이다. 세탁기 마니아로 여러 가지 세탁기의 카탈로그를 모으고 비교와 검토를 했을지도 모른다. 하지만 그 외 대다수의 고객은 세탁기에 그다지 관심이 없다. 따라서 누군가가 혼자서 불만을 아무리 터뜨린들 대화 상대를 발견하지 못해 묻히게 된다. 악평을 33명에게 전달하려고 해도 이야기를 들어줄 33명을 찾을 수가 없다.

그 당시 나 자신은 세탁기에 대해서 하루 24시간 1년 365일 생각했지만, 거의 대부분의 고객은 생각하지 않는다. 이것을 깨닫게 되자 나는 어깨에서 힘이 쭉 빠졌다.

이것은 인간관계에서도 마찬가지다. 대부분의 사람은 여러분의 회사에 대해 그다지 신경을 쓰지 않는다. '그 사람은 나를 어떻게 생각할까?', '나는 분명 지금 오해를 받고 있을 거야'라고 혼자서 생각하게 될 때가 있다. 하지만 정작 상대에게 물어보면 전혀 신경 쓰지 않아도 될 일인 경우가 많다. 여러분도 이런 경험을 한 적이 있을 것이다.

소비자가 가장 관심을 가지고 있는 것은 자기 자신에 관한 것이다. 여러분의 회사에 대한 것은 전혀 신경 쓰지 않는다. 내가 이렇게 강조하는 이유는 소문에 대해서 과잉 반응을 보이면 종종 마이너스 방향으로 흘러가버리기 때문이다. 과거에 이런 상담을 받은 적이 있다.

"고객들 사이에서 우리 회사가 파산할 것이라는 소문이 돌게 되어 이런 내용의 DM을 발송하려고 합니다."

그 DM의 내용은 "우리 회사는 건전한 무차입 경영을 하기 있기에 파산할 것이라는 이야기는 전혀 근거 없는 소문입니다"라는 것이었다. 이것을 고객리스트 전원에게 보내려고 했다. 걱정이 되었기에 나는 소문의 출처를 물어보았다.

"회사가 파산할 것이라는 것은 누구에게 들었습니까?"

"고객이기도 한 거래처에서 그런 말이 있다고 알려주었습니다. 그 사람 한 명뿐이라면, 그다지 신경을 쓰지 않았을 텐데, 그 외에도 가르쳐준 분들이 계셨습니다."

"소문의 근원지는 동종 업계인 것은 아닐까요?"

"그럴지도 모릅니다."

"아마 고객의 99%는 그런 소문 자체를 모를 것입니다. 이 업계에 대한 상황을 일반 소비자가 대화의 화젯거리로 삼을 가능성은 그다지 없습니다. 소문을 내고 있는 것은 동종 업계의 경쟁사일 가능성이 큽니다."

내가 그분에게 이렇게 냉정한 대응을 하도록 한 것은 이유가 있다. "우리 회사는 파산하지 않습니다"와 같은 DM을 보낸다는 것은 나쁜 소문을 굳이 돈을 들여서 홍보하고 있는 것과 같기 때문이다. 굳이 이런 내용을 보냄으로써 '아니 땐 굴뚝에 연기가 날까' 하는 생각만 불러일으키게 될지도 모른다. 그런 소문을 잠재울 생각으로 메일을 보내는 것이라면, '우리는 이렇게 즐겁게 일하고 있습니다', '고객은 이렇게 만족하고 있습니다'라고 쓰는 편이 오히려 불안을 해소해줄 것이다.

물론 고객이 어떻게 생각할지 걱정이 되는 것은 이해한다. 하지만 고객은 여러분이 파산을 하든 말든 상관이 없다. 오히려 고객은 '오늘 저녁밥은 어떻게 할까'라든가 '그 가게는 참 괜찮았지' 등과 같은 개인적인 일로 머릿속이 가득 차 있다. 그러므로 여러분 쪽에서 굳이 노력하지 않으면 나쁜 소문은 퍼지지 않을 것이다.

뒤에서 더 자세히 설명하겠지만, 식품 업계, 외식 업계처럼 입소문이 빨리 퍼지는 업계에서는 나쁜 소문에 대해서 늘 긴장 상태를 유지하며 대응하지 않으면 안 된다. 하지만 그 외의 많은 업계에서는 고객은 여러분의 회사에 대해서 여러분이 생각하는 만큼 흥미를 가지고 있지 않다.

좋은 입소문을 퍼뜨리는 것은 어렵지만, 나쁜 입소문을 퍼뜨리는 것도 마찬가지로 쉽지 않다. 나쁜 소문이 있다고 해도 과잉 반응을 할 필요는 없다. 냉정하게 반응하자.

입소문 상식 탈출 4

- 입소문은 고객이 퍼뜨리는 것이다

'맛과 마음(아이치현 안조시)'이라는 회사가 있다. 심혈을 기울여서 제조한 조미료를 통신 판매하고 있는 이 회사에는 '걸어! 걸어!'라고 하는 이벤트가 있다. 이 이벤트는 100km의 거리를 그저 줄지어서 걷는 것인데, 회사의 사원뿐만이 아니라 고객이나 거래처의 직원들도 참가한다.

처음 들었을 때 나는 100km를 걷는다는 것이 어떤 것인지 머릿속에 바로 떠오르지 않았다. 하지만 1시간에 5km를 걷는다고 한다면, 무려 20시간이라는 거리를 자지 않고 걷지 않으면 안 된다. 어떤 사람은 발이 마비되기도 하고, 어떤 회사의 사장은 발톱이 벗겨지기도 했다고 한다. 이런 경우에는 혼자서 걸을 수 없게 된다. 그럼 주변의 모두가 부상을 입은 사람이 걷는 것을 포기하지 않을 수 있도록 돕는다. 함께 걷던 사람이 열심히 마사지를 해주기도 한다. 각자가 한계에 도전해서 서로 도우며 완주하게 되는 것이다. 완주한 사람이든, 아니든 참가자들은 목표지점에서 모두가 눈물을 흘리며 감동한다.

이 이벤트에 참가한 직원들은 크게 감동해서 주변 여기저기에 이야기한다. 상담하다가도 고객에게 이야기하고, 일하다 거래처의 사람들에게도 이야기하며 이벤트 참가를 권유한다(나도 몇 번인가 권유받았다). 이렇게 입소문은 점점 퍼져나간다.

이 회사의 사원과 만나면 대부분의 사원이 이 이야기를 한다. 보통 회사의 이야기는 자랑으로만 들리기 쉽다. 하지만 이 회사는 그런 인상을 전혀 주지 않는다. 회사의 직원들은 이 이벤트의 즐거움뿐만 아니라 사장의 훌륭한 인간성에 대해서도 이곳저곳에 이야기할 정도다.

나도 회사원 시절에 거래처에서 비슷한 경험을 한 적이 있다. 소니의 직원도 자기 회사의 이야기를 굉장히 자주 한다. 몇 명의 사람이 모이면 반드시 창업자인 이부카 마사루(井深大) 회장, 그리고 모리타 아키오(盛田昭夫)에 대해서 열정적으로 이야기한다. 이야기하다가 눈물을 보이는 직원까지 있었다.

어느 회사든지 회사 안에서나 밖에서 열정적으로 이야기하고 싶은 화제가 있다. 이런 회사가 입소문이 일어나기 쉬운 회사의 전형적인 예라고 할 수 있다.

보통 '입소문은 고객이 퍼뜨리는 것이다'라고 생각한다. 하지만 입소문은 사내에서도 일어난다. 왜냐하면 회사에서 정보가 흘러나오지 않으면, 고객에게는 그 정보가 흘러 들어가지 않기 때문이다. 정보가 없으면 고객은 이야기의 화젯거리로 삼으려고 해도 삼을 수가 없다.

"하고 싶은 말이 뭔지는 알겠습니다. 하지만 우리 회사에는 100km를 걷는 이벤트도 없고, 또 소니처럼 카리스마가 있는 사장도 없습니다"라고 이야기하는 사람이 있을지도 모른다.

그런 회사에서도 적용할 수 있는 방법이 있다. 이 방법을 사용하면 직원은 기뻐하고, 고객은 만족해서 회사에 대해서 이야기하고 싶어질 것이다. 간단한 방법이지만 굉장히 효과가 좋다. 그 방법이란, 바로 '고객의 의견을 들어주는 것'이다.

'뭐야, 그게 무슨 효과적인 방법이야!'라고 생각할지도 모른다. 하지만 굉장히 유명한 컨설턴트를 고용한 것 이상의 큰 효과가 있을 것이라 장담한다.

여러분의 회사에서는 '고객의 목소리'를 듣고 있는가?

"네, 듣고 있습니다"라고 말하는 분들의 대부분은 사실 앙케이트 조사 정도만 하고 있을 것이다. "상품의 품질은 어떻습니까? 서비스는 어떻습니까? 가격에 대해서는 만족하고 계시나요?" 등등. 고객이 답하기 쉽게 동그라미로 표시하게 한다. 그리고 마지막 줄에 "의견이나 불만 사항이 있다면 자유롭게 써주세요"라고 적어둔다.

이것은 치명적인 실수다. 이것은 만족도 조사일 뿐, 고객의 의견을 듣는 것과는 근본적으로 목적이 다르다. 만족도 조사는 어디까지나 객관적인 조사가 목적이다. 하지만 고객의 의견을 듣는 것은 고객과 커뮤니케이션을 하는 것이 목적이다. 만족도 조사를 하면 고객은 그저 동그라미만 표시할 뿐이다. 커뮤니케이션이 되지 않는다. 또한, 끝에 "의견이나 비판을 적어주세요"라고 하는 경우가 많은데, 이는 '비판을 듣는다'는 것을 미덕이라고 여기기 때문이다. 그러면 고객은 그 기대에 부응해서 '이 회사는 비판을 듣고 싶어 하는구나. 그럼 비판을 써주지'라고 생각해서 친절하고 자세하게도 불만 사항을 쓰게 된다.

이것을 읽어본 직원들은 고객의 클레임만 신경 쓰게 될 것이다. 부정적인 의견을 매일 듣게 되면, 직원은 회사의 상품에 대해서도 자기 자신에 대해서도 자신감을 잃게 된다. 클레임을 하는 고객 중에는 입이 굉장히 거친 사람도 있기 마련이라 직원은 점점 의욕을 잃어간다. 그렇게 악순환이 반복된다.

직원은 고객의 클레임만 듣는 것보다는 칭찬을 받는 쪽이 훨씬 의욕이 생기고 적극적으로 일에 몰두할 수 있을 것이다.

여러분의 회사에서도 이것을 실험해볼 수 있다. 그 방법을 소개해보겠다. 우선 직원 중 한 사람을 술래로 정한 후, 사무실 밖으로 나가게 한다. 남은 직원들은 그 술래가 해야 할 행동 하나를 정한다. 예를 들어, 문을 열고 들어와 책상 위에 있는 주전자의 물을 컵에 따르기 같은 것이다. 해야 할 행동을 정했다면, 술래에게 들어오라고 한다. 그리고 술래가 얼마나 빠르게 그 행동을 해내는지 실험한다.

처음에는 술래가 잘못된 행동을 할 때마다 "땡" 하고 소리를 낸다. 예를 들어, 칠판에 글씨를 쓰려고 하면 "땡", 창문을 열라고 하면 "땡" 하는 식으로 말이다. 이렇게 되면 곧 술래는 움직이려고도 하지 않고 게임을 이어갈 의지를 잃어버린다.

다음으로, 다른 술래를 지명한다. 이번에는 정해진 행동을 했을 경우, 손뼉을 친다. 컵에 가까이 가면 손뼉을 치고, 주전자를 만졌을 경우에도 손뼉을 친다. 그러면 곧 술래는 원하는 행동을 하게 되어 게임을 마칠 수 있게 된다.

고객 만족도 조사에서 "비판을 적어주세요"라는 것도 직원들을 향해 "땡"이라고 경고음을 울리는 것과 같다. 대기업처럼 클레임 대책 부서가 있는 곳은 괜찮지만, 중소기업에서는 클레임 대책을 맡은 직원은 의욕을 잃게 된다.

그럼 반대로 고객으로부터 칭찬의 목소리를 적극적으로 모으면 어떻게 될까?

물론 클레임도 들어오겠지만, 클레임 건수와 비교해서 칭찬의 목소리가 몇 배로 들어올 경우를 상정해보자. 예를 들어, 칭찬의 목소리가 20건이고, 그중 한두 건 정도의 클레임이 들어올 경우, 직원은 클레임에 대해서 자신을 가지고 대응할 수 있다. '이 정도로 만족하는 분들이 많았으니, 이 클레임은 쉽게 해결할 수 있어!' 하고 긍정적으로 생각하게 된다.

그럼, 고객이 만족하고 있다는 의견을 듣기 위해서는 어떻게 하는 것이 좋을까? 고객의 긍정적인 의견을 듣는 방법에는 한 가지 포인트가 있다. 그것은 고객의 목소리를 기입하는 종이를 만들어서 그 서두에 다음과 같이 적는 것이다.

> **여러분의 의견을 들려주세요!**
>
> 여러분께서 들려주는 기쁨의 말 한마디만큼 저희에게 정열과 보람을 느끼게 하는 것은 없습니다. 좋은 일, 나쁜 일, 어떤 것이라도 괜찮습니다. 꼭 여러분의 의견을 부탁드립니다!

이처럼 직원이 열정적으로 부탁하면 고객은 뜨거운 반응을 보여줄 것이다. 나는 이것을 감정의 작용·반작용 법칙이라고 부른다. 이 작용과 반작용으로 회사와 고객 사이에는 원활한 커뮤니케이션이 일어나기 시작한다.

우선 직원들 사이에서 "그 손님, 이런 이야기를 하던데…"라는 화제가 거론된다.

'고객 제일주의'를 회사 방침으로 내세우면서도 그저 말뿐인 회사가 많다. 그냥 방침만 세우는 것이 아니라 고객의 기쁨의 목소리를 모아서 직원들 사이에서 먼저 의사소통의 계기를 만든다면, 고객 제일주의에 더 가까이 다가갈 수 있다.

한편 고객은 그 기쁨을 문장으로 정리함으로써, 자기 생각을 명료화한다. 한번 문장으로 정리하면, 이야기하기 쉬워진다는 것은 여러분도 경험한 적이 있을 것이다. 그렇게 되면 주변에 전하는 것이 간단해진다. 즉, 고객의 의견을 묻는 것은 입소문을 잘 낼 수 있도록 고객을 자주 연습시키는 것이 된다.

커뮤니케이션이 성립하기 위해서는 고객과 회사 사이에서 정보의 흐름을 만들지 않으면 안 된다. 호흡과 마찬가지로 정보를 발신하면 그것은 되돌아온다. 또 들어온 정보는 다시 내보내지 않으면 안 된다. 이처럼 정보를 고객과 회사 사이에서 원활하게 흐를 수 있도록 하는 것이 화제를 만들기 위한 가장 큰 전제조건이다.

입소문 상식 탈출 5

- 입소문은 최고의 홍보 매체다

　많은 사람들이 입소문은 만병통치약이라고 생각한다. 물론 많은 회사들이 소개로 큰 거래를 성사시키고, 전단지를 뿌리지도 않았는데 먼 곳에서 손님이 오는 경우도 있다. 그로 인해 '입소문은 대단해', '입소문은 최고의 홍보 수단이야'라고 생각하게 된다. 하지만 이 같은 경우가 있었다고 해서 입소문이 어떤 업계에서도 최고의 홍보 매체가 되어줄 것이라고 장담할 수는 없다.

　그 입소문이 그저 단순하게 운이 좋았던 경우인지, 아니면 체계적으로 재현된 경우인지를 따져봐야 한다. 업계에 따라 입소문의 효과는 차이가 발생한다. 그것을 깨닫지 못하면, 입소문을 자신의 회사에 응용조차 할 수 없다.

그럼 입소문이 발생하기 쉬운 업종과 발생하기 어려운 업종은 어떻게 구별해야 할까? 그리고 발생하기 쉬운 업종에서는 입소문을 일으키기 위해 어떻게 하는 것이 좋을까?

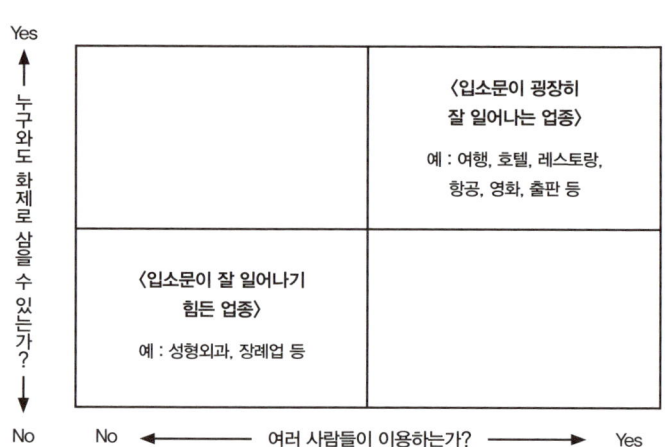

입소문 포지셔닝 분석법

입소문을 일으키기 쉬운 업종을 판별하는 두 개의 축

먼저 다음의 표에서 여러분의 회사가 어디에 위치하는지 살펴보자. 이것은 입소문을 일으키기 위해 여러분의 업종이 어디에 위치해 있는지 객관적으로 파악할 수 있는 자료 중 하나다.

세로축의 "누구와도 화제로 삼을 수 있는가?"는 여러분의 회사가 처음 만난 사람과도 이야깃거리로 삼기 쉬운 상품을 판매하는지, 아닌지를 판단한다. 예를 들어, 영화는 누구와도 말하기 쉬운 테마다. 반대로 전자스위치 같은 것은 전문가 이외에는 이야기하기 어렵다.

가로축의 "여러 사람들이 이용하는가?"는 고객이 혼자서도 이용할 수 있는 상품인지, 또는 많은 사람이 이용하는 상품인지에 관한 질문이다. 예를 들어, 여행은 혼자서 가는 경우보다 여러 사람이 가는 경우가 많다.

이처럼 두 개의 축을 통해 다양한 업종의 위치를 확인해보면, 입소문이 일어나기 쉬운 업종과 일어나기 어려운 업종을 파악할 수 있다. 입소문이 일어나기 쉬운 업종은 '누구라도 화제로 삼을 수 있는 상품'을 취급한다. 그리고 그 화제의 대상이 된 상품은 '많은 이들이 이용할 수 있는 것'이다.

예를 들어, 레스토랑은 "저 식당은 맛있었어"라는 대화는 누구라도 화제로 삼을 수 있다. 그리고 한번 '좋았다'라고 느끼면, 이번에는 친구에게 권해서 함께 가기도 한다. 즉, 그 즐거운 체험을 공유하기 위해서 손님이 손님을 데려오는 것이다. 이처럼 입소문이 고객을 불러오는 큰 역할을 담당한다.

　실제로 급성장하고 있는 어느 술집은 개업 당일에 손님이 지불한 술값 그대로를 전액 쿠폰으로 증정했다. 그러자 개업 날에는 안 그래도 시쳇말로 개업발로 인해 사람이 많이 모이는데, 거기에 더해 공짜로 마실 수 있다는 이유로 더욱더 많은 손님이 모였다. 그때, 고객을 실망시키지 않도록 노력한다면, 그 쿠폰을 이용하기 위해서 손님이 손님을 부르는 선순환이 발생한다. 그렇게 되면 나중에는 광고나 홍보를 할 필요가 없어질 것이다.

　입소문 포지셔닝에서 우측 상단에 있는 여러 사람이 화제로 삼기 좋은 업종들은 본질적으로 입소문이 나기 굉장히 쉽다. 여기에는 여행, 호텔, 레스토랑, 항공, 영화, 출판 등 엔터테인먼트와 관련된 업종이 많다. 이 같은 업종에서는 입소문이 중요하고, 또 고객이 다시 찾아오게 하는 것이 생명이기에 많은 노력이 필요하다.
　어떤 업종에서는 그 방법이 고객을 모으는 일반적인 방법일 뿐인데, 같은 방법을 다른 업종에서 응용할 경우, 원자폭탄 수준의 위력을 발휘하는 경우가 많다.

입소문이 일어나기 어려운 업종은 어떻게 대처하면 좋을까

'아, 우리 업종은 입소문이 일어나기 어려운 업종이네. 그럼 이 책을 읽을 필요가 없겠네.'

입소문 포지셔닝에서 좌측 하단에 해당하는 업종의 분이라면, 이와 같은 생각을 할지도 모른다. 하지만 이 표는 '입소문이 일어나기 어려운 업종은 어떻게 해야 입소문이 일어날 수 있을까' 하는 힌트를 얻기 위한 것이기에 조금 더 참고 읽어주길 바란다.

입소문이 일어나기 어려운 업종의 대표적인 예로는 성형외과가 있다. 누구라도 주변에 "나, 지방흡입 수술을 했는데, 저 성형외과 괜찮아", "가슴 성형 수술을 할 건데 너도 할래?"라고 말하기는 어려울 것이다. 그러나 포기하기는 아직 이르다.

성형외과를 전반적으로 생각해보면 '화제가 되기 어렵다.' 게다가 '많은 사람들이 체험한다'라는 것에도 해당하지 않는다. 그래서 현재는 그래프의 좌측 하단에 위치해 있다. 이 위치에서 입소문이 일어나기 쉬운 우측 상단으로 이동하기 위해서는 어떻게 해야 할까?

우선 '누구와도 화제로 삼을 수 있는가?'라는 면에서 상단으로 이동할 수 있는지 생각해보자. 성형외과가 제공하고 있는 서비스 중에서 화제가 될 수 있는 것에는 어떤 것이 있을까? 레이저 제모는 어떨까? 가슴 수술이나 지방흡입 수술과 비교해서 제모는 여성들 사이에서 이야깃거리로 삼아도 저항이 다소 적다.

다음으로 '여러 사람들이 이용하는가?'라는 면에서 좌측에서 우측으로 이동하려면 어떻게 하면 좋을지 생각해보자. 레이저 제모는 일반적으로는 혼자서 체험할 수 있는 것이다. 하지만 여러 사람이 신청한 경우, 할인율을 높게 해준다거나 하는 판촉 수단을 이용하면 친구를 모아서 함께 신청하는 사람도 생길 것이다.

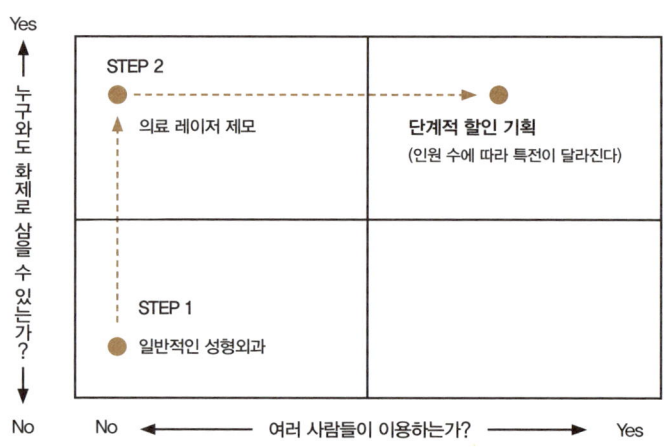

이러한 방법으로 제모 업종은 입소문이 일어나기 쉬운 오른쪽 위의 칸으로 옮겨갈 수 있게 된다. 이 표는 항상 문제를 해결할 수

있게 해주는 것은 아니지만, 힌트를 얻을 수 있는 틀을 제공해줄 것이니, 참고하길 바란다.

화제가 되기 어려운 업종에서도 입소문을 퍼뜨릴 수 있다

성형외과와 마찬가지로 일반적으로 장례식 역시 화제로 삼기는 어려운 분야다. "이번에 장례식, 저 회사에 맡겼더니 친절하고 거기다 가격도 괜찮았어"라든가 "관은 좋은 것과 평범한 것으로 등급이 있었는데, 딱히 비싼 것으로 해봤자 큰 의미가 없을 것 같아서 그냥 평범한 것으로 골랐어"와 같은 이야기는 일상적으로 나눌 수 있는 대화거리가 아니다(물론, 실제로 장례식을 올리게 된다면 조금 다르겠지만).

이 업종은 표의 어느 부분에 해당할까? 우선 "누구와도 화제로 삼고 싶지 않다"이기에 세로축의 아래쪽에 위치할 것이다. 또, 많은 인원이 한 번에 "나도!", "나도 이곳에서 장례식을 치르고 싶어!"라는 결정을 내릴 사안도 아니다. 입소문이 일어나기 어려운 업종이라는 것을 쉽게 이해할 수 있을 것이다.

그렇다면, 이런 업종에서도 입소문을 일으킬 수 있을까? 장례식은 보통 화제로 삼기 싫은 주제다. 그런데 내 개인적인 경험에 의하면, 장례식에 관한 주제도 충분히 이야깃거리가 될 수 있었다. 한 장례업체에서 일하시는 분에게 들은 이야기다. 그분의 업체에서는 시신을 화장시킬 때 상·중·하의 3단계 가격대가 있는데, 비싼 단계는 관을 넣는 입구를 조금 호화롭게 해두는 차이만 있을 뿐, 화장하는 장소 자체는 가격대와 상관없이 같다고 한다. 하지만 3가지 코스를 만들어두면, 비싼 코스를 선택하는 고객이 꼭 있기 마련이기에 평균 단가를 높이기 위해서 3가지의 가격대로 해두는 것이라고 한다.

장례사가 "어떤 것으로 하겠습니까?"라고 물으면 상주는 대부분 다음과 같이 말한다. "다른 분들은 대개 어떤 것으로 하나요?" 그때, "대체로 이 2가지 중 하나를 택하십니다"라고 비싼 코스와 중간 코스를 권한다. 그럼 대부분의 사람들이 중간 가격대를 선택하게 된다.

하지만 그런데도 가장 싼 코스를 선택하는 사람이 있을 경우에는 장례업체의 담당자는 잠시 잠자코 있다가 "정말로 이것으로 하시겠어요?"라고 묻는다. 그러면 대부분의 상주가 "아, 역시 이쪽으로 하겠습니다"라고 비싼 쪽을 선택하게 된다. 그런데도 "괜찮습니다. 이것으로 하겠습니다"라고 싼 쪽을 선택한다면, 의아한 표정을 지으면서 나직하게 말한다. "좋은 관에 눕혀드려 좋은 곳으로 보내

드려야 하지 않을까요?"

어떤가? 여러분은 이 이야기를 술자리에서 화제로 삼고 싶어지지 않을까? 이처럼 일반적으로는 이야기하고 싶지 않은 에피소드라도 누구나 한 번은 겪어야 할 상황이기에 상황에 따라서는 갑자기 화제가 되기도 한다.

일반적으로 장례식은 화제가 되기 어렵다. 그 때문에 어느 날 갑자기 장례식을 치러야 할 상황이 되면 신뢰할 만한 정도를 찾기가 어려워 난감해진다. 그때, '장례식 연구회'를 열면 언론에도 거론될 수 있고, 화제가 될 수도 있다.

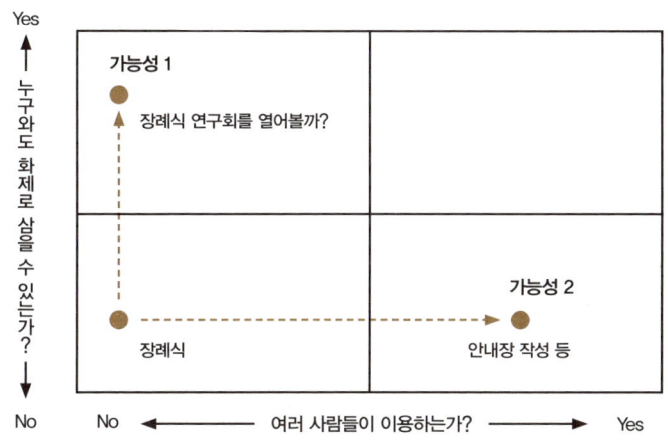

장례식의 입소문 활용(고민 전 vs 고민 후)

즉, 장례식 자체는 입소문이 일어나기 힘들지만, 장례식 연구회라는 이벤트를 입소문 타게 하는 것은 가능하다는 것이다.

다음으로 "여러 사람들이 이용하는가?"라는 축에 대해서 좀 더 깊이 생각해보자. 특별한 일이 아닌 이상, 한꺼번에 여러 사람이 사망하게 되는 경우는 많지 않으므로 동시에 장례식을 치르기로 결정하는 것은 어려울 것이다.

하지만 장례식은 많은 사람들이 모이는 기회이기도 하다. 조문객들은 상주와 동년배인 경우가 많기 때문에 머지않아 가족 중에 누군가의 장례식을 치르게 될 가능성이 크다. 그때, "우리 마누라가 오늘내일 하는데, 어디 좋은 장례업체 없을까?"라고 적극적으로 물을 수는 없다. 하지만 정보 수집 자체는 하고 있을 것이다.

그렇다면 조문객에게 자신의 장례업체의 장점을 물 흐르듯이 자연스럽게 말하면서 인식시키는 방법을 연구해볼 수 있을 것이다. 예를 들어, 고인에 대한 글을 담은 안내장을 작성해서 장례식장에 비치해둔다. 조문객은 고인을 그리워하는 마음에 반드시 그 안내장에 눈길이 갈 것이다. 그 안내장 내용 안에는 앞으로 상주가 될 사람에게 꼭 필요한 정보를 넌지시 적어둔다. "저희 장례업체에서는 반드시 알아야 할 장례 절차에 관해서 24시간 안내하고 있습니다. ○○○-○○○○으로 전화 주세요"와 같은 형식을 취한다.

화제로 삼을 대상과 화제가 될 타이밍을 찾는다

'우리 상품은 아무래도 화젯거리가 되기엔 조금 어려울 것 같은데, 어떻게 하면 좋을까?' 이런 의문을 가진 사람이라도 안심해도 된다. 아직 희망이 있다. 포기하기 전에 다음의 2가지에 대해서 생각해보길 바란다.

먼저 첫 번째는, 화제로 삼을 대상을 찾는 것이다. 예를 들어, 장아찌를 만들 때 돌을 화제로 삼는 사람은 그다지 많지 않을 것이다. 하지만 가령, 전통적인 방법으로 직접 장아찌를 만드는 모임이 있다고 하자. 그럼 "이 장아찌 돌을 사용하면 정말 맛있게 장아찌를 담글 수 있습니다"라고 이야기하며 돌이 화제가 될 수 있다. 이처럼 일반적으로는 화제가 되기 어려운 것이어도 대상을 한정하면 입소문이 일어나기 쉽다.

두 번째는, 화제가 될 타이밍을 찾는 것이다. 보통 때는 화제가 되지 않았음에도 어떤 시기에 갑자기 화제가 되는 상품이 있다.

예를 들어, 교복, 성년의 날 선물, 꽃가루 알레르기를 개선해주는 건강식품 등의 계절 상품이다. 이와 같은 상품은 특정 타이밍에서 화제를 일으키므로, 이 타이밍을 노려서 이벤트를 개최하거나 공동 구매를 알선하는 등의 방법을 생각해볼 수 있다.

화제로 삼을 대상과 타이밍을 정하면 포지셔닝을 이동할 수 있다

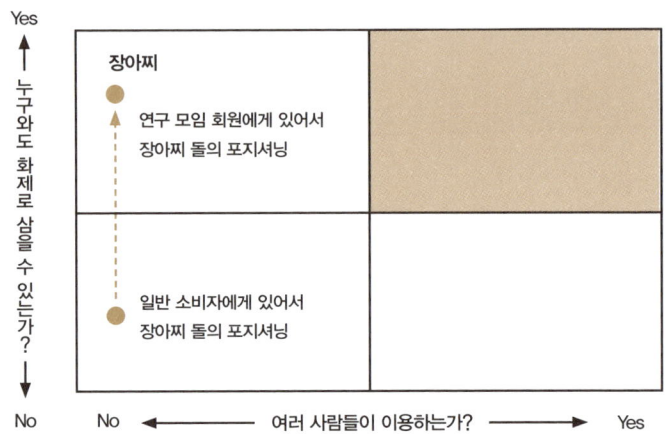

대상을 좁히면…

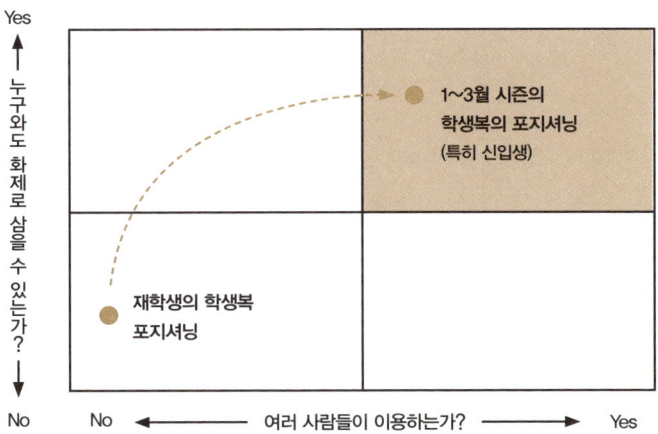

대상을 넓히면…

이같이 그래프를 활용해 연습한다고 해서 "이렇게 하면 입소문을 100% 컨트롤할 수 있다"라고는 할 수 없다. 이 입소문 포지셔닝 차트는 입소문을 20% 컨트롤할 수 있는 힌트를 얻기 위한 두뇌 사용법을 가르쳐줄 것뿐이다.

이 그래프에서 현재 자신의 위치를 최대한 오른쪽 위로 끌어올리도록 해라. 오른쪽 위로 끌어올리기 위해서는 지금까지 설명한 것처럼 화제가 될 만한 테마를 생각해보거나 대상이나 타이밍을 명확화할 필요가 있다.

이처럼 한 가지의 상황을 다면적으로 살펴봄으로써 지금까지 생각하지 못했던 아이디어를 떠올릴 수 있게 될 것이다.

지금의 시점에서 이 포지셔닝 차트를 본격적으로 완벽하게 사용할 필요는 없다. 힌트를 얻기 위한 툴은 앞으로도 많이 제시될 것이다. 우선은 여러분 회사의 현 위치를 객관적으로 파악해서 앞으로 풀어나가야 할 과제가 무엇인지 깨달으면 그것으로 충분하다.

사장과 직원의 반성회 1

"입소문의 효과가 강력하다는 것을 알고 있음에도 우리 회사가 입소문을 내기 위해 무엇을 했는지 생각해보니, 아무것도 하지 않았다는 것을 깨달았네."

"고객을 만족시키기 위해서 열심히 해왔지만, 그것만으로는 입소문이 일어나지 않는 것은 생각해보면 당연한 일입니다."

"그 말이 맞네. 우리 상품과 유사한 상품을 판매하고 있는 회사가 한두 군데가 아니지. 우리는 이 상품에 대해서 24시간 생각하고 있지만, 고객은 1분도 생각하지 않아. 자신과 전혀 상관없는 대상이지. 자신과 상관없는 것을 화제로 삼는 것 자체가 생각하기 어려운 일이지."

"그렇기는 하지만 열심히 하면 고객이 언젠가는 이해해줄 것이라 생각했습니다."

"지금까지 땀을 흘리면서 열심히 했다고 생각했지만, 사실은 더 머리를 쓰면서 노력해야 했네. 그런데 입소문이 일어나지 않는 이유는 알게 되었지만, 입소문이 퍼지게 하기 위해서는 어떻게 하는 것이 좋겠나?"

"입소문이라고만 말하면 이해가 잘 안 되지만, 결국은 고객이 주변에 이야기하고 싶어진다는 것이 아닐까요? 그러므로 고객이 우리의 상품을 이야깃거리로 삼고 싶어지게 해야 할 것입니다."

"그건 그렇지만, 우리 상품은 평범하기 때문에 딱히 이야깃거리가 될 만한 것이 아니란 말이지. 이런 상품도 고객이 이야깃거리로 삼기 위해서는 어떻게 하면 좋을까?"

"무엇 때문에 고객들이 이야기하고 싶어지는지 먼저 고객의 감정을 이해해야만 합니다."

"아, 그렇군. 어떤 경우에 고객이 이야기하고 싶어지는지 그 감정을 역으로 추적해가면 입소문을 퍼뜨리기 쉬운 화제를 찾을 수 있다는 것인가?"

"이야기하고 싶어지는 감정에는 몇 가지의 포인트가 있는 것 같습니다. 그 감정의 방아쇠를 당기면 고객은 주변에 이야기하고 싶어질 것입니다."

"그럼, 그 이야기하고 싶어지는 감정이란 대체 무엇인가?"

제3장 |

고객이 말하고 싶어지는 회사,
고객을 무시하는 회사

입소문은 종잡을 수 없는 콘셉트다. 이런 입소문을 퍼뜨리려면 어떻게 하면 좋을까? 이렇게 질문해봐도 답은 바로 나오지 않을 것이다. 하지만 잘 생각해보면, 그 입소문을 퍼뜨린다는 것 자체는 결코 어려운 것이 아니다. 즉, 여러분의 회사에 대해 고객이 이야기하고 싶어지면 되는 것이다. 만족해하며 이야기의 화제로 삼으면 된다는 말이다.

여러분이라면 어떤 때에 말하지 않으면 못 배기는가? 집을 사게 되었을 때? 원하던 차를 사게 되었을 때? 복권에 당첨되었을 때? 좋아하던 이성과 사귀게 되었을 때? 아무도 모르는 정보를 혼자서만 알게 되었을 때? 친구가 누군가와 사귀게 된 것을 자신만이 알게 되었을 때?

이런 상황에서는 입을 다물고 있는 것이 힘들게 느껴지고 누군가에게 말하고 싶어진다. 이처럼 억누를 수 없는 욕구를 역추적하면, 고객이 이야기하고 싶어지는 조건을 알 수 있다.

이 장에서는 말하고 싶은 충동을 이끌어내는 7가지 감정 요소를 소개하려 한다.

말하고 싶어지는 감정의 방아쇠 1

- 불행, 재난, 그리고 스캔들을 이용하라

나에게 컨설팅을 의뢰한 고객 중, 지난해에 재난이 연속으로 찾아와 힘들어한 회사가 있다. '다이유 골프'라는 회사로, 회사 대표로 날 찾아온 것은 톰이었다. 물론, 톰은 별명이다. 배우 톰 크루즈와 닮았기에 내가 마음대로 그렇게 부르고 있다.

어느 날, 그에게서 "작년부터 굉장히 힘이 듭니다"라는 메시지가 왔다. 평소 그런 낌새가 없었기에 '뭔가 일이 생긴 건가?' 싶어 바로 전화를 했다.

이야기를 들어보니, 확실히 비참한 상황이었다. 작년 말에 매장이 화재로 전소되어 5,000만 엔 상당의 재고가 타버렸다고 한다. 보험을 들어놨지만, 화재의 원인을 밝힐 수 없다는 이유로 1년

이 지났음에도 보험금을 받지 못하고 있었다. 이것만으로도 충분히 놀랄 만한 재난인데, 올해 들어서는 더한 불행이 기다리고 있었다. 올해 개업한 골프 연습장이 불황으로 갑자기 문을 닫게 되었는데, 집주인에게 2개월 이내에 나가라는 말을 들었다고 한다. 그러나 이전할 곳을 찾지 못했기에, 나가고 싶어도 나갈 수가 없는 상황이었다. 결국, 조립식 건물에서 임시 점포를 열었지만, 매출은 전보다 40%나 감소했다.

"보험금은 지급되지 않고, 정말 괴롭습니다" 하고 톰이 이야기했다. 듣는 것만으로도 기력이 빠지는 이야기였다. 하지만 톰은 긍정적이었다.

"그건 그렇고, 기존 고객에게 직접 메일을 보내는 방법 등을 활용해서 어떻게든 매출을 올리고 싶은데, 어떤 세일을 열면 좋을까요?"

자, 여러분이라면 어떻게 이 사람을 구할 것인가?

"매장은 어느 정도 탔나요?"
"전부 다 탔습니다."
"혹시 그 지역에서 꽤 화젯거리가 되지 않았나요?"
"네, 신문에 나올 정도로 큰 화재였으니까요."

"화재가 났을 때는 어떤 상황이었나요?"

"완전 새까맸습니다. 상품도 전부 재가 되었어요."

"그럼 사장님, 그 완전하게 타서 새까맣게 된 매장의 사진이 남아 있나요? 가능하다면 그 잿더미 속에서 사장님이 미간을 찌푸리고 머리를 감싸 쥐고 있는 사진이 있으면 좋을 것 같습니다."

화젯거리라는 관점에서 살펴본다면, 화재나 사고만큼 사람의 관심을 끄는 것도 없다. 고속도로에서 사고가 나게 되면 왜 교통정체가 생길까? 사고 차량은 이미 도로의 옆으로 치워져 있기에 물리적으로는 교통에 아무런 영향을 끼치지 않는다. 그럼에도 불구하고 교통 정체가 발생하는 장소를 잘 관찰해보면, 지나가고 있는 차들이 사고 현장에서 속도를 줄이고 있다. 즉, 무슨 사고가 난 것일까 하고 일부러 속도를 줄여서 구경하는 것이다.

이처럼 이유는 모르겠지만, 사고는 사람의 관심을 끈다. 이런 상황에서 사람들은 말 안 하고 가만히 있는 것을 견디지 못한다. "나 오늘 사고 나는 거 보았다"라고 다른 사람에게 전하지 않으면, 마음이 불편할 정도다. 그렇다면 이 점포 화재에 대해서도 지역 주민 상당수가 알고 있을 것이다. 세일을 하는 데 이런 기회는 흔치 않다. 딱 안성맞춤의 상황이다. 왜냐하면 세일을 하는 이유가 아주 명확하게 있기 때문이다. 그래서 개최한 것이 '엎친 데 덮친 세일'이었다.

이 세일은 겨우 몇 장의 전단지로 알렸다. 그러자 지역 신문사가 관심을 갖게 되어 다음과 같이 작게 기사로 실렸다.

> 다이유 골프는 화재, 그리고 골프 매장의 폐쇄 등 작년부터 설상가상의 상황이 계속되고 있다. 그 결과 현재 조립식 건물에서 점포를 열어 영업을 하고 있다. 하지만 재고 공간이 한정되어 있기에 적자를 각오하고 세일을 개최하기로 했다.

기사가 난 다음 날에는 대체 어디에서부터 왔을까 싶을 정도의 많은 손님이 몰려왔다. 신규 고객도 많이 왔다. 전단지를 그렇게 많이 뿌린 것도 아니었다. "아무리 생각해봐도 저 신문 기사가 입소문이 되어 고객이 고객을 부른 것 같아요"라고 톰이 말했다.

결국 세일로 인해 평상시의 7배에 달하는 집객 수와 4배의 매출을 올릴 수 있었다. 같은 시기, 라이벌 회사는 전단지를 끼워 넣은 매장만이 아주 조금의 고객을 모을 수 있었고, 나머지는 거의 장사가 되지 않았다.

가만히 생각해보면 이와 같은 경우는 많다. 니혼바시의 도큐백화점이 개업했을 때는 단 일주일 만에 1년 치 매출을 올린 적이 있다. 이와 마찬가지로 폐업한 유라쿠초의 소고백화점 역시 폐점 세일이 시작되자마자 고객이 몰려 대혼잡을 이루어 연장 세일을 반복할 지경이었다.

이처럼 '더 이상 물러날 곳이 없다'와 같은 세일을 할 만한 명확한 이유가 있으면 고객이 몰려온다. 여기에서 중요한 것은 '명확한 이유가 무엇인가' 하는 점이다. 연말 세일, 결산 세일이라는 정해진 세일도 있을 것이다. 하지만 이제 연말이니까 싸다, 결산이니까 싸다는 것에는 전혀 임팩트가 없다. 왜냐하면 이유가 있지만 리얼리티가 없기 때문이다.

재해로 인한 조립식 점포는 좁기 때문에 재고가 쌓이게 되고 거기다 간접비가 대폭 줄어들었기 때문에 싸게 팔 수밖에 없다. 이러한 이유에는 리얼리티가 느껴진다. 이처럼 리얼리티의 유무가 화젯거리를 만들기 위한 포인트가 된다.
"하지만 우리 회사는 딱히 화재가 난 것도 아니고, 폐점할 이유도 없는데…"라고 말할지도 모른다. 여기에서 평범하게 끝나버리는 사람과 성공하는 사람이 갈린다.

불행이라는 것은 그곳에 있는 것이 아니라 연출하는 것이다. 불행의 한가운데 있는 사람은 결코 자신이 불행하다고 생각하지 않는다. 그 상황을 극복하기 위해서 하루하루를 열심히 최선을 다해서 살아갈 뿐이다. 또, 불행 안에서도 즐거운 일이 생기기도 한다. 그러므로 자신은 일상생활의 연장선이라고 생각하는 것이다. 즉, 불행하다는 것을 사람에게 전달하기 위해서는 자신이 불행을 연출하는 것에 포인트가 있다.

톰의 경우에도 화재가 있었다는 정보를 스스로 말하지 않으면 고객은 지역의 큰 화재와 다이유 골프라는 점포를 연결 짓지 못할 것이다. 더욱이 '엎친 데 덮친 세일'이라는 이름을 붙이지 않았다면, 고객들은 '이 매장, 힘든 상황이군…'이라며 공감하지 못했을 것이다.

재난은 사람의 주목을 불러일으킨다. 그리고 재난은 자신이 연출하는 것이다.

말하고 싶어지는 감정의 방아쇠 2

- 이야기를 만들어라

　스케 씨, 가쿠 씨가 악당에게 당할 것 같은 장면이다. 악당이 일본도를 내리치는 순간, 휙! 하고 악당의 칼이 빗나갔다. 닌자인 풍차의 야시치가 등장한 것이다.
　이것은 텔레비전 드라마 〈미토코몬〉의 한 장면이다. 매회 반드시 이와 같은 장면이 등장한다. 이와 같은 패턴은 여느 드라마에서도 쉽게 볼 수 있다. 〈울트라맨〉이나 〈가면 라이더〉의 이야기 전개도 매우 비슷하다. 기본적으로는 '큰 목표' → '시련' → '좌절' → '목표 달성', 그리고 '해피엔딩'의 순서로 전개된다. 시련이나 좌절이 없는 이야기는 없다.

　"일본 사람은 이런 이야기에 약하지"라고 많은 사람들이 이야기하지만, 사실 이런 전개에 약한 것은 일본인뿐만이 아니다. 인류 공통의 특징이다. 특히 전 세계에서 마케팅을 펼치고 있는 할리우드 영화의 줄거리는 역경이 발생하고, 또 발생하고, 다시 또 발생한다. 역경을 극복하면 또 하나의 역경이 등장하는 것이다. 이는 이러한 이야기 전개가 사람을 매료시키기 때문이다.

이러한 전개가 현실이 되었을 때, 사람은 감동을 하고 다른 사람에게 말하지 않고는 견딜 수 없게 된다. 야구에서도 역전만루 홈런의 경우에는 "와! 어제 경기 정말 대단했지"라고 열정적으로 이야기한다. 나가노 올림픽의 점프 스키 경기에서도 평균적으로 좋은 성적을 받은 후나키보다 화제가 된 것은 아슬아슬하게 경기를 이어나가 '지겠다'라고 생각했지만, 멋지게 경기를 이긴 하라다 선수였다. 이것이 감동의 눈물을 낳는다. 그리고 기억에 강렬하게 남는다.

생각해보면 소니나 혼다가 반짝이는 브랜드가 된 것도 이야기가 있기 때문이다. 소니가 트리니트론 브라운관을 개발했을 때의 고생담이다. 소니는 불가능한 목표를 세우고 실패에 실패를 거듭하다가 마침내 큰 성공을 거두게 된다. 이러한 감동적인 과정에 창업자인 이부카 마사루가 개발팀 앞에서 눈물을 흘렸을 정도라고 한다. 혼다는 통산성으로부터 규제를 받았음에도 불구하고 자동차 개발에 정열을 쏟아부었고 마침내 '세계의 혼다'가 되었다. 반짝이는 브랜드를 가지고 있는 기업에는 신화라고 해도 과언이 아닐 이러한 이야기가 직원들의 입에서 입으로 전해진다. 그리고 이 같은 신화가 회사의 구심점으로 작용한다.

이야기는 불신감을 없앤다

이야기는 외우기 쉽고 다른 사람에게 전달하기 쉽다. 이와 같은 특징을 가지고 있기 때문에 이야기는 비즈니스에서 매우 강력한 무기가 된다. 하지만 많은 회사들이 이 힘의 사용법을 모르기 때문에 큰 손실을 본다.

이 이야기를 사용하는 테크닉은 특히 브랜드 파워가 없는 회사의 신용도를 높이는 데 절대적인 효과를 발휘한다. 내가 막 독립했을 때 사용한 테크닉이기도 하다.

당시 나의 문제는 컨설턴트로서 실적이 거의 제로에 가까웠다는 데 있었다. 애초에 컨설턴트라는 직업에는 뭔가 수상쩍어 보이는 이미지가 있다. '내 업계를 잘 모르는 사람이 뭘 할 수 있겠어…'라고 부정적으로 보는 사람들을 컨설팅해야 한다. 이것은 솔직히 꽤 불쾌한 경험이다. 나는 컨설팅에 들어가기 전에 신뢰를 얻을 방법을 고안했다. 그리고 가능성이 있어 보이는 고객에게 만나기 전에 소책자를 건넸다. 《소자본으로 우량고객을 모을 수 있는 획기적인 노하우》라는 제목의 작은 책자다.

이 소책자의 목적은 제목과는 다른 곳에 있었다. 만나기 전에, 또는 한 번도 안 만나고 나에 대해서 믿도록 만드는 데 목적이 있었다. 그 열쇠가 된 부분이 다음 문장이다.

11월의 추운 어느 날, 근무를 마친 후, 복사해둔 전단지를 뿌리러 갔다. 당장이라도 눈이 내릴 것 같은 굉장히 기온이 낮은 밤이었다. 사람의 눈을 피하기 위해서 일부러 밤을 선택했다. 개가 없는 것을 확인하면서 우체통에 전단지를 넣었다. 장갑을 끼면 효율이 낮아지기에 장갑을 벗고 했다. 추위에 점점 손가락의 감각이 없어졌다. 거기에 무릎까지 시리기 시작했다. 결국 전단지 배포가 끝난 것은 심야 12시를 막 넘긴 시각이었다.

전단지를 뿌린 이후, 전화를 기다렸다. 다음 날은 전화가 오지 않았다. 그다음 날도 전화는 오지 않았다. 그 전화를 기다리던 시간은 병원에서 아기가 태어나기를 기다리는 시간보다도 길게 느껴졌다. 결국 장난 전화 한 통을 제외하고는 단 1건의 문의 전화도 오지 않았다. 전단지 외에도 포기하지 않고 몇 번인가 광고도 내보았지만, 다 실패했다. 돈도 떨어져 가고 그렇게 내 첫 시도는 실패로 끝이 났다.

이 이야기는 컨설턴트의 실력과는 전혀 관계가 없다. 하지만 이것을 읽은 많은 분들이 한 번도 만난 적 없는 나를 신용하게 된다. 그리고 "와, 감동적이에요"라고 말해주기도 한다. 나는 입으로는 "감사합니다"라고 말하지만, 속으로는 '그것은 감동할 수 있도록 썼기 때문이죠'라고 생각한다. 그만큼 감정의 방아쇠를 당기는 것은 정해진 패턴이 있다.

"우리 회사는 그럴 만한 이야깃거리가 없는데요…"라고 말하는 분들도 계실지도 모른다. 하지만 이야기를 만드는 것은 절대 어렵지 않다. 그리고 그것을 가능하게 하기 위해서 여러분은 이 책을 읽고 있는 것이다.

좋은 상품을 개발하기 위해서는 반드시 역경을 딛고 일어선 에피소드가 있어야 한다. 그 고생담을 이야기하면 된다.

한번 떠올려보길 바란다. 좋은 상품을 개발하기 위해서 여러분은 어떤 고생을 했는가? 왜 그 상품을 판매하려고 생각했는가? 판매할 때는 어떤 어려움이 있었는가? 그 어려움을 극복하기 위해서 어떤 만남이 있었는가?

반드시 여러분에게도 역경은 있었을 것이다.

상품의 스펙이나 사양 자체는 사람을 감동시키지 못한다. 하지만 그것을 개발하기 위해 고생한 이야기에는 감동하게 된다. 그 이야기는 이야기를 시작한 사람에 의해서 처음으로 탄생한다. 담담하게 흘러가는 사실을 〈미토코몬〉에서 풍차의 야시치를 쓴 것처럼 역경을 딛고 목적을 달성시킨 드라마로 탄생시킬 수 있는가.

이러한 극적인 이야기가 만들어졌을 때, 사람의 기억에 남고 화젯거리가 되기 쉬운 회사가 될 것이다. 그리고 사내에서도 그 이야기가 직원들 사이에서 계속 전해지면, 회사의 신화가 시작될 것이다.

말하고 싶어지는 감정의 방아쇠 3

- 적을 만들어라

〈니혼게이자이〉 신문을 읽고 있다가 일본의 유통기업인 다이에의 창업자 나카우치 이사오(中内功) 씨가 집필한 〈나의 이력서〉에 눈이 갔다. 그 안에는 나카우치 씨가 직접 쓴 전단지의 사진이 게재되어 있었다. "보는 것은 다이마루(백화점)에서, 사는 것은 다이에(할인점)에서, 다이마루는 가부키 극장처럼 상품을 천천히 볼 수 있는 장소, 다이에는 스트립 극장처럼 벌거숭이 가격, 똑같은 상품이라면 반드시 다이에가 싸다"라는 캐치프레이즈가 걸린 이 전단지는 당시 커다란 반향을 일으켰다고 한다.

지금 읽어봐도 나카우치 씨의 정열과 경영자의 혼을 느낄 수 있다. 이렇게 과격한 문구를 당당하게 홍보로 활용하는 경영자는 아마 지금까지도 그밖에 없을 것이다.

예전에는 이처럼 기개가 넘쳤던 회사라도 대기업이 된 후에는 어느새 재기 발랄함을 잃고 재미없는 광고를 할 수밖에 없게 된다. 기업 이미지를 내세우는 것이 광고라고 착각하고 매출에 공헌하지 않는 광고만 흘려보내고 있는 것이다.

하지만 나카우치 씨의 이 광고 전단지에는 나카우치 씨의 신념이 고스란히 배어 있다. 그 신념은 소비자의 감정을 흔든다. 한마디 한마디가 매출로 연결된다. 이것이 바로 초대형 슈퍼를 만든 기업가의 경영자 혼이라고 나는 통감한다.

왜 이 전단지가 소비자의 마음을 사로잡을 수 있었을까?

한마디로 말하면, 적을 설정하고 있기 때문이다. 이것이 대중의 움직임을 이끌어내는 비결이다. 적을 설정하면, 그룹의 결속력을 강화시킬 수 있다. 초등학교 시절을 생각해보자. 싫어하는 사람이 있으면 왠지 그 주변 그룹의 결속력이 좋아진다. 이것과 같은 메커니즘이다.

나카우치 씨는 물가 상승을 적으로 설정하고 다이에가 주부들의 편이라는 것을 강조했다. 주부들은 자신의 적에 대항하는 것에 공감하게 된다. 그리고 그 적을 물리치기 위해서 다이에 매장에서 쇼핑을 한다. 대중을 선동해서 소비로 연결시키는 이와 같은 방법은 일부 현명한 경영자들에 의해서 자주 활용되고 있다.

몇 년 전, 소비세 환원 세일이 큰 반향을 불러일으켰다. 이것은 소비세 5%를 환원하는 것이지, 할인율과는 상관이 없었다. 그 바탕에 자리 잡고 있는 것은 소비세를 올리는 것에 대한 소비자들의 반감이었다. 소비자는 정부에 항의하기 위해서 이토요카도(할인 마트)에서 산다. 즉, '나는 정부에 대항하기 위해서니까 이 정도는 사도 되겠지?'라고 소비 욕구를 정당화시키는 것이다. 그래서 평소에는 사지 않을 상품도 사버리게 되는 것이다.

이시하라 도쿄 도지사가 은행에 대해 은행세(외형표준과세)를 적용한 것도 마찬가지다. 높은 이익을 취해 세간으로부터 미움을 받고 있는 은행에 압력을 행사한 것이다. 압력을 받은 은행은 곤란하겠지만, 이시하라 도지사는 굉장히 큰 지지를 얻었다.
더욱이 최근에 이시하라 도지사는 디젤차를 적으로 설정해서 그에 대한 규제를 가했다. 사실은 디젤차의 매연 찌꺼기를 병에 담아 텔레비전에서 그 병을 흔들어 보였다. 의식적으로 하고 있는지는 잘 모르겠지만, 강렬한 인상을 한순간에 받았다.

환경보호를 주장하는 정치가는 그 외에도 많을 것이다. 그런데 그 사실을 교과서적으로만 전달해서는 아무도 듣지 않을 것이다. 이론만으로는 사람은 움직이지 않는다. 감정을 상하지 않게 하고 대중을 화나게 하지 않음으로써 처음으로 변화로 이어지게 되는 것이다.

고객에게 적을 설정해준다

그렇다면 적을 설정하는 방법을 대체 어떤 식으로 입소문에 이용해야 할까? 사실 이를 해결할 마법의 문구가 있다. 다음 문장의 ○○ 부분을 채워보자.

> ○○로부터 친구를 구해주자!

이것은 고객을 여러분의 편으로 만드는 마법의 표현 중 하나다. ○○ 부분에 여러분의 고객의 '적'을 넣어보자. 앞서 이시하라 도지사의 이야기를 예로 든다면, '디젤차의 매연으로부터 아이들을 구하자!'라는 것이 캠페인의 캐치프레이즈다.

같은 취지에서 '디젤차는 환경을 파괴합니다'라고 표현할 수 있다. 하지만 이것으로는 사실을 전달할 뿐, 명확한 적이 존재하지 않는다. 반면 '매연', '아이들'이라고 하는 단어를 사용하면 무너뜨려야 하는 적(디젤차)이 명확해진다. 그러면 필연적으로 이시하라 도지사는 지지해야만 하는 내 편으로 인식되는 것이다.

건강식품의 판매를 하고 있는 '주식회사 소라(사이타마 현)'는 '염소가 함유된 물에서 친구를 보호하자'라는 취지의 캠페인을 펼치고 있다. 이 회사는 '산호의 힘'이라고 하는 수돗물을 맛있는 물로 바꿔주는 산호 분말을 판매하고 있다. 이 경우도 적은 '염소가 포함된 건강에 나쁜 물'이라는 설정이다. 이 적으로부터 친구를 구한다는 숭고한 행위가 이 캠페인에 포함되어 있다.

나는 이 소개 캠페인을 '십자군 결성형 소개 캠페인'이라고 부르고 있다. 우리가 자주 접하게 되는 소개 캠페인은 '친구를 소개해주세요'라고 하는 캐치프레이즈를 사용하고 있다. 이 내용은 전형적으로는 '친구를 소개해주신 여러분에게는 ○○를, 친구에게는 ○○를 드리겠습니다'라는 것이다. 알기 쉽게 바꿔 말하면, '여러분에게 사례할 테니 친구에게 팔아 주세요'라는 것이다. 이 캠페인 방법을 경품 제공형 소개 캠페인이라고 한다.

나는 십자군 결성형 소개 캠페인을 권한다. 고객 입장에서는 친구를 구해야 한다는 인간이 가진 본연의 상냥한 마음으로 소개하는 상대를 찾게 될 것이다. 영업하는 입장에서도 '꼭 친구를 소개해주세요'라기보다 '염소가 있는 물로부터 꼭 친구를 구해주세요!'라고 말하는 편이 판매하기 더 쉬울 것이다. 이같이 하는 것이 양쪽 모두에게 무리가 적은 방법이기 때문이다.

물론, 십자군 결성형과 같은 방법이라고 해도 경품을 제공해서는 안 된다는 법은 없다. 경품을 제공하는 것은 아무런 문제가 되지 않는다. 그저, 같은 경품을 제공하더라도 '경품을 메인으로 할 것인가', 아니면 '친구를 구하는 것을 메인으로 할 것인가'에 따라 고객이나 영업자 측의 태도가 크게 달라진다.

'적을 설정하는 것이 고객을 우리 편으로 만들기 쉽다는 것은 알겠는데, 우리는 적이 없는데 어떻게 하지…'라고 의문을 품는 분도 있을 것이다. 왜 적이 없는 것인지 그 이유를 알고 있는가? 십자군에게는 이슬람교도라는 적이 있다. 그리고 이러한 이교도로부터 예루살렘을 찾아야 하는 사명을 가지고 있다. 이처럼 적과 미션(사명감)은 서로 반대 관계에 있다.

여러분의 회사에서 적이 보이지 않는 것은 여러분의 회사에는 이러한 '미션'이 없기 때문이다. 미션이 없는 기업은 얼굴이 없다. 소비자가 존경할 수가 없다. 입소문이 나지 않는다. 브랜드를 구축할 수 없다. 사원의 결속력이 약하다. 당연히 매출이 오르지 못한다. 즉, 좋은 것은 아무것도 없다.

그렇다면 여러분은 어떤 기업 미션을 만들면 좋을까? '사회에 공헌하는 기업을 만들겠는가?', '지역에 뿌리를 내린 기업을 목표로 하겠는가?', '고객에 건강과 풍요로운 삶을 제공하겠는가?'

이와 같은 미션은 아무런 의미가 없다. 그것만으로는 영원히 고객을, 그리고 직원을 내 편으로 만들 수 없다. 적이 없는 기업은 미션도 없다. 미션이 없는 기업은 적도 없다.

사명감이란, 다음의 ○○ 부분을 채우는 것이다.

> **우리들은 ○○을 단호하게 거절합니다.**

즉, 이처럼 싸우는 자세를 보이는 것이다. '우리들의 사명은 고객에게 건강과 풍요로움을 제공하는 것입니다'가 아니라, 다음과 같이 표현하는 것이다.

"우리들은 만약 이익이 나온다고 해도 현재, 그리고 미래에도 고객의 건강을 위협하는 위험성이 있는 상품을 판매하는 것을 철저하게 거부하겠습니다. 고객의 시선에서 정말로 납득할 수 있는 상품만을 제공하며, 여러분 가족의 건강과 풍유로움을 지키겠습니다."

이처럼 악과 싸우는 자세를 보이는 것으로 다른 사람에게도 미션(사명감)을 느끼게 하는 것이다.

명확한 기업의 사명은 입소문이 된다. 예를 들어, 더바디샵이라는 회사가 있다. 이 회사는 화장품과 생활용품을 생산하지만, 환경 파괴를 적으로 삼고 있다. 화장품의 용기는 철저하게 재활용하고 있다. 고객이 병을 가지고 오는 경우에는 가격을 할인해준다. 또한, 제3세계에서 생산할 수 있는 상품을 적극적으로 개발해서 그 이익을 제3세계에 환원한다. 더바디샵의 이러한 점이 고객의 공감을 불러일으켜 광고를 전혀 하지 않음에도 높은 매출을 올리고 있다.

대부분의 회사들이 창업할 당시에는 뜨거운 사명감을 가지고 있다. 하지만 경기가 좋은 것이 지속되면 어느새 그러한 사명감을 잊게 된다. '주부를 위한 매장 다이에', '보는 것은 다이마루, 사는 것은 다이에'라고 하는 다이에의 창업 시기의 카피 문구는 지금도 전혀 촌스럽게 느껴지지 않는다. 오히려 용솟음치는 정열이 느껴진다.

여러분의 회사는 대체 어떠한 미션(사명감)을 가지고 매출을 올리고 있는지 지금 바로 ○○ 부분을 채워보자.

말하고 싶어지는 감정의 방아쇠 4

- 내면의 욕구를 알아채라

고객은 받고 싶을 때만 전단지를 받는다. 고객 입장에서는 어떤 전단지를 보든 구별이 잘 안 된다. 봐도 재미없다. 자랑만 가득 차 있고 공감도 잘되지 않는다. 그렇게 받은 전단지는 받자마자 바로 쓰레기통에 들어간다. 필요한 때에 필요한 정보를 얻기 위해서라면 인터넷을 사용하는 것이 편하다. 이것이 전단지를 만들어도 반응이 없게 된 원인이다.

그런데 받고 싶다며 고객이 먼저 손을 내밀게 되는 전단지가 있다. '즐거운 유한회사(후쿠시마현)'가 경영하는 회전초밥집 스시야의 전단지가 그렇다. '즐거운 유한회사'라고 하는 회사명 자체도 굉장히 독특하지만, 전단지 역시 평상시에 많이 보게 되는 전단지와는 느낌이 다르다. 과연 어떤 전단지일까? 보통 회전초밥집에서는 어떤 전단지를 뿌릴까? 지금 바로 떠오르는 전단지 스타일이 있을 것이다. 보통은 컬러의 초밥 사진이 쭉 나열되어 있고, 그 옆에 가격이 써 있는 방식일 것이다. "어떻게 하면 맛있어 보이게 사진을 찍을 수 있을지가 포인트다"라고 대부분의 전단지 제작회사들은 말한다.

하지만 스시야의 전단지는 솔직히 지저분하다. 초밥 사진이 하나도 없다. 그저 사장이 붓으로 그린 초밥의 일러스트만 담겨 있다. 그런데도 깨끗한 전단지와 비교해서 매출은 1.7배다. 게다가 비용은 그 절반밖에 들지 않는다. 그리고 고객으로부터 "왜 우리 동네에는 전단지를 안 넣어주는거야?"라는 불평을 듣기도 한다. 왜 스시야는 이렇게 업계에서 비상식적인 전단지를 뿌리게 되었을까?

스시야는 재작년까지는 전단지를 뿌리지 않고도 초밥의 질만으로 매년 성장해왔다. 하지만 회전초밥집의 경쟁이 치열해지자 주변의 권유로 작년에 처음으로 전단지를 뿌리기 시작했다. 700만 원을 들여 컬러 전단지를 만들어 주변에 뿌렸지만, 대실패였다.

스시야의 경영자는 나의 책《90일 만에 당신의 회사를 고수익 기업으로 바꿔라》를 읽고 '이래서는 안 되겠다' 싶어 지혜를 짜내기 시작했다. "돈을 과하게 들이면 안 된다"라는 나의 조언에 크게 공감해서 이런 것이라면 자신도 할 수 있겠다는 생각이 들었다고 한다. 그렇게 조금씩 조금씩 시도해보다가 컬러 전단지에서 지금의 단색 전단지로 바꾸게 되었다. 초밥 사진도 다 없앴다. 그렇게 글자만으로 가득한 전단지가 되었다.

주변의 경영자들은 "지저분해 보이는 전단지"라고 혹평했다. 하지만 스시야의 경영자는 점차 전단지를 만드는 요령을 터득했다. 처음에는 반응이 없었지만, 전단지를 넣은 날은 확실하게 비용 이상의 매출이 오르기 시작했다. 이렇게 '지저분해 보이는 전단지 시리즈'는 매출만 올린 것이 아니었다. 전단지 자체가 고객에게 좋은 평가를 얻었다. 고객의 관심을 끄는 데 성공한 것이다.

'스시야 응원단 아줌마'라고 하는 이름으로 모르는 사람에게 매일을 받았다. 어느새 응원단까지 결성된 것이다. "그 전단지는 누가 쓴 것인가요?", "전단지를 만든 사람과 한번 만나고 싶어요"라고 빈번하게 문의 전화가 왔다. 직원은 "사장님이 쓰셨어요"라고 기쁘게 대답했다.

이처럼 회사 내의 정열이 회사 밖으로 전염되기 시작되면, 입소문이 퍼지는 것을 바로 피부로 느낄 수 있게 된다. 고객들로부터의 편지나 의견 등이 압도적으로 늘기 때문이다.

표면의 욕구와 내면의 욕구

그렇다면 대체 왜 이 전단지가 입소문을 낳은 것일까?

이 회사에서는 칠월칠석에 777엔의 할인 메뉴를 준비했다. 즐거운 유한회사의 데무라(出村) 사장의 이야기에 따르면, 이 메뉴는 그다지 인기가 없었다고 한다. 오히려 다른 메뉴가 인기가 있었다고 한다. 즉, 손님은 할인에 반응한 것이 아니라는 것을 알 수 있다.

이 전단지가 성공할 수 있었던 이유를 한마디로 표현하면, 고객으로부터의 공감을 불러일으켰다는 데 있다. 전단지 내용에 스시에 관한 것은 그다지 다루지 않았다. 담겨 있는 것은 어머니들에 대한 위로와 격려의 문장이었다.

"오늘은 특별한 날이니 공주님은 쉬세요. 공주님이란 어머니, 바로 당신을 가리킵니다."

이 말을 읽은 어머니들은 어떤 인상을 받게 되었을까?

"이 가게는 내 마음을 알아주는구나."

고객은 이렇게 생각하면서 공감을 하게 된다.

공감한 것은 이야기하고 싶어진다. 응원하고 싶어진다. 자신의 생각과 맞는 책을 읽게 되면 다른 사람에게 추천하고 싶어지는 것과 같은 심리다. 반대로, 자신을 이해해주거나 알아주지 못하는 가게에는 공감이 형성되지 않는다. 그저 단순하게 소비할 뿐이다. 입소문으로 연결되지는 않는다.

여기에서 잠깐, 여러분 회사의 광고나 팸플릿을 고객 입장에서 살펴보자.

"이 회사는 내 마음을 알아주는구나."

이 감상이 자연스럽게 입에서 나올 수 있는가? 아니면 자기 회사의 상품 자랑만 잔뜩 늘어놓고 있는가?

아무튼 고객으로부터 공감을 얻는 것이 가장 중요하다. 두말할 나위가 없다. 하지만 자신의 회사에 적용하려고 생각하면, 어떻게 하면 좋을지 전혀 알 수가 없다.

이쯤에서 공감을 얻기 위한 사고법을 설명하려고 한다.

공감이라는 것은 표면의 욕구에서 일어나는 것이 아닌, 내면의 욕구에서부터 일어난다. 표면의 욕구는 겉으로 보이는 그 사람의 태도이고, 내면의 욕구는 본심이다. 표면의 욕구는 눈으로 보고 알 수 있는 것, 내면의 욕구는 상상으로 알 수 있는 것. 표면의 욕구는 누구라도 알 수 있다. 하지만 내면의 욕구는 공감을 통해서만 알 수 있다.

알기 쉽게 설명하기 위해 잡지를 예로 들어보겠다.

〈바이브스〉라고 하는 잘 팔리는 오토바이 잡지가 있다. 이 잡지의 표지를 보면, 언제나 미니스커트를 입은 예쁜 여성이 오토바이에 걸터앉아 있다. 더욱이 매호, 반드시 접혀 있는 페이지가 있다. 이 페이지를 펼치면 이번에는 표지의 여성 모델이 누드로 오토바이에 걸터앉아 있다.

지인에게 "이 잡지를 읽을 때 어디에서부터 읽나요?"라고 묻자 대부분의 경우, 이 접힌 페이지부터 읽는다고 한다.

물론, 오토바이 잡지의 독자는 당연히 오토바이를 좋아할 것이다. 오토바이가 좋다는 부분은 표면의 욕구다. 그런데, 실제로 '어떤 잡지를 사볼까?' 하는 단계가 되면 표면의 욕구보다 내면의 욕구에 반응하게 된다.

이것을 스시에 적용해보면 어떨까?

'맛있는 초밥을 먹고 싶다'라는 것은 표면의 욕구다. 이것의 내면의 욕구는 무엇일까? '가사를 하고 싶지 않다'일 것이다. 하지만 가사를 하지 않으면 죄책감이 동반된다. 그것을 공감함과 동시에 "어머니, 여러분은 공주님입니다. 오늘은 쉬세요"라고 말해주며 죄책감을 희석시킨다. 게다가 공주님이라는 말을 듣고 기뻐하지 않을 여성이 있을까!

이 '지저분한 전단지 시리즈'는 내면의 욕구를 적확하게 끄집어

내고 있다. 이처럼 내면 깊은 곳에 담긴 심리를 이해해주면, 고객은 '나에 대해서 알아주는구나'라고 공감하게 된다.

그렇다면, 고객 내면의 욕구는 어떻게 해야 알 수 있을까?

'내면의 욕구, 내면의 욕구…'라며 주문처럼 읊조려봐도 답은 나오지 않는다. 다음의 질문에 답해보자.

"대체 고객은 무엇 때문에 밤잠을 설칠 정도로 분노나 불안을 느끼는 것일까?"

"대체 고객은 무엇 때문에 참을 수 없는 기쁨을 느끼는 것일까?"

이처럼 고객을 이해해보려는 작은 노력을 하는 것으로 괜찮다. 그것만으로 공감은 생성된다. 왜냐하면, 대부분의 회사는 자신의 상품 자랑을 하는 데 바쁘다. '고객의 입장에 서서 생각하자'라는 표어를 부르짖고 있지만, 그를 위한 구체적인 행동은 하고 있지 않다. 공감이라는 것은 몇 년씩 걸려서 얻어지는 것이 아니다. 한순간에 생성되는 것이다.

분노, 불만, 불안, 질투, 꿈, 기쁨이라고 하는 고객의 감정에 아주 찰나의 순간만이라도 마음을 담는지, 아닌지에 따라 공감이 생성되는지, 아닌지가 정해진다. 5분도 안 걸린다. 하지만 이 5분의 노력조차 아까워하는 회사에는 10년이 걸려도 충성고객은 생기지 않는다. 그러면 고객은 단순히 싸면 소비하게 될 뿐이다.

여러분은 이 5분의 노력을 해보겠는가?

말하고 싶어지는 감정의 방아쇠 5

- 주인공으로 만들어라

지난달, 미국에 출장을 갔을 때의 이야기다. 뉴욕 교외의 메리어트 호텔에 숙박 예약을 해두는데, 비행기가 조금 일찍 도착했기에 아침 일찍 체크인을 했다. 그런데 프런트 옆 게시판에 내 이름이 적혀 있는 것이 아닌가. '내 이름이 왜 적혀 있지?' 하는 마음에 게시판을 보고 있으니, 프런트의 직원이 말을 걸어왔다.

"축하드립니다. '오늘의 손님'으로 선정되셨습니다. 객실에 계실 예정이신가요? 그럼 5분 후에 선물을 올려 보내겠습니다!"

그 순간, 지구를 반 바퀴 도느라 쌓였던 피로가 싹 날아갔다. 5분 후, 호텔 직원이 선물을 가지고 왔다. 그 안에 무엇이 들어 있었을까?

선물 상자 안에는 사과 하나, 오렌지 하나, 사탕 10개, 포테이토 칩, 캔콜라와 10달러 상당의 조식권과 손편지, 마지막으로 메리어트 호텔에서 제작한 야구모자가 들어 있었다. 가격을 따지면 그렇게 큰 금액은 아닐 것이다. 하지만 굉장히 기뻤다.

얼마 전, 누나가 집에 방문했을 때, 이 야구모자를 발견했다. 나는 지금이다 싶어 '오늘의 손님'으로 선정되었던 이야기를 자랑했다. 그리고 메리어트 호텔이 훌륭한 곳이라고 10분 넘게 강연하듯이 말했다.

이 야구모자는 굉장히 디자인이 좋았기에 산책하러 갈 때 종종 손이 간다. 그때마다 '오늘의 손님으로 선정되었었지' 하며 그날을 추억하게 된다. 나조차도 신기할 정도로 오늘의 손님에 선정된 것이 자랑스럽게 느껴졌다(인생은 이처럼 작은 일로 즐거워진다).

생각해보면 언젠가부터 나는 메리어트 호텔의 무급 영업 직원이 되어 있었다. 여러분도 무급으로 일해주는 영업 직원을 갖고 싶지 않은가?

여기에는 한 가지 방법이 있다. 고객을 주인공으로 만드는 것이다. 주인공이 된 고객은 말하고 싶어진다. 주변에 말하고 싶어서 참기 힘들 정도가 된다. 금단증상에 빠진다.

주인공이 된 고객이 말하고 싶어지는 것으로 충분하다. 그것은 친구들 사이에서 화제가 된다. 친구의 소문만큼 재미있는 것도 없다. 그래서 입소문이 되기 쉽다.

예를 들어보자. 히로시마의 사진관 '하나야'는 시치고산(七五三, 일본의 전통 명절로, 남자 아이가 3살·5살, 여자 아이가 3살·7살 되는 해의 11월 15일에 아이의 무사한 성장을 감사하고 축하하는 행사)을 기념해서 사진을 찍을 고객을 모으기 위해서 전단지를 배포했다. 그런데 그것이 작년의 2배 이상의 반향을 일으켰다. 심지어 그 이후로도 장기간에 걸쳐 전화가 걸려오고 있다.

지금까지는 프로모델을 고용해서 컬러 전단지를 배포했다. 하지만 올해는 프로모델을 고용하지 않고, 그 대신 시치고산을 위해 기념사진을 일찍 찍으러 온 아이들을 모델로 썼다. 초보들이었기에 조금 서툴렀지만, 오히려 현실감이 있었다.

아무래도 이 전단지가 입소문을 일으킨 것 같다. 어떻게 입소문이 된 것일까? 이 전단지를 아이가 보고 있는 장면을 상상해보자.

"와, 다카가 전단지에 실려 있네!"

"오, 진짜네. 귀엽다."

"우리도 슬슬 사진 찍어야 하는데…."

"이 사진관이 좋아 보이는데, 다카의 엄마한테 물어봐야겠다."

이와 같은 대화가 오고 갔으리라는 것은 쉽게 상상할 수 있다. 친구와 관련된 이야기는 즐겁다. 내년에는 아마 더 많은 친구를 광고에 실어서 더 많은 화제를 불러일으킬 수 있을 것이다. 게다가 "이 광고 지면에서 친구를 발견하신 분들에게는 특별 우대 선물을 드립니다!"라고 한다면, 전단지를 본 사람들을 매장으로 유인하기 쉬워진다.

'사진관에는 특정 시기가 있어서 잘될지 모르겠지만, 우리는 그런 게 없는데요…'라고 생각하는 분들도 있을 것이다. 하지만 조금만 더 생각해보자. 왜냐하면 같은 업종보다는 다른 업종에서 잘된 사례를 자신의 업종에 응용해보는 것으로 큰 도약을 할 수 있는 경우가 매우 많기 때문이다.

여러분 회사의 고객을 광고에 게재한다면, 어떤 식으로 하는 것이 좋을까? 이러한 방법을 발견해내는 또 하나의 사례를 소개해보겠다.

어떤 주얼리숍에서 입소문을 일으키기 위한 장치를 심은 광고를 냈다. 결혼 반지를 판매하기 위한 광고였는데, 결혼 반지가 메인이 아니었다. 프러포즈 문구가 메인이었다. 광고 지면에는 이 주얼리를 산 커플, 그리고 그 반지 사진을 게재한 후, 그 위에 프러포즈 문구를 소개한 것이다.

이 광고는 2가지 측면에서 눈길을 끌었다.

하나는 광고 자체의 주목도를 높이는 것이다. 덧붙여 이 광고는 잡지에 게재한 것인데, 라이벌 회사들의 광고는 대부분 팔고 싶은 보석의 사진만을 예쁘게 게재한 구성이었다. 예쁜 보석을 가지고 싶은 것은 표면의 욕구다. 반면, 다른 사람들은 어떻게 프러포즈하는지 그 내용을 알고 싶은 것은 내면의 욕구다. 훔쳐보고 싶어 하는 사람들의 욕구는 생각보다 굉장히 강하다.

앞에서 이야기한 것처럼 표면의 욕구보다 내면의 욕구에 대응하는 것이 반응을 얻기 쉽다. 즉, 광고에 주목할 확률이 높아지는 것이다.

또 다른 측면은 친구들에게 입소문을 퍼뜨릴 것이라는 부분이다. 여기에서는 커플을 주인공으로 한다. 그 커플 역시 "잡지에 실렸어!"라고 친구들에게 이야기하게 된다. 이때, 친구들한테 이야기하면서 건넬 수 있는 툴을 선물해주면 좋다.

예를 들어, 이 광고를 전화카드로 만들어서 친구 커플에게 건넨다. 그 카드에는 주얼리숍의 전화번호나 홈페이지 주소 등을 게재해둔다. 또는 가능한 한 적은 예산으로 진행하고 싶다면, 이 광고를 컬러 프린터로 인쇄해서 뒤에는 친구들이 이용할 수 있는 우대 선물권을 붙여두면 좋다.

친구들은 같은 연령층이 모이기 마련이다. 더욱이 그들의 소득 수준 역시 비슷할 것이다. 같은 예산대의 결혼 반지를 구입할 수 있는 굉장히 유력한 가망 고객인 것이다.

고객을 주인공으로 하는 것은 절대 어려운 일이 아니다. 사실 광고에 게재할 필요도 없다. 이달의 고객, 이달의 왕자, 이달의 여왕, 이달의 고객 목소리 대상, 이달의 말 전하기 게임 우수상 등 네이밍을 생각해두면 그것으로 끝이다. 거기다 경품은 그다지 부담되지 않는 작은 것으로 충분하다.

누구나 자신이 주인공이 될 기회가 그렇게 많지는 않다. 그러므로 고객을 주인공으로 만들어보자. 고객은 결코 여러분의 회사를 잊지 않을 것이다. 우선, 고객을 주인공으로 만들자. 그러면 고객은 여러분의 회사를 주인공으로 만들어줄 것이다.

말하고 싶어지는 감정의 방아쇠 6

- 줄을 만들어라

미국의 어떤 심리학자가 이런 실험을 했다.

뉴욕 맨해튼에서 한 사람이 도로에 나와 손가락으로 하늘을 가리킨다. 그러면 지나가던 사람들이 방해가 되니 불만을 터뜨린다. 이번에는 3명이 같은 행동을 해보았다. 그러자 30분 후에는 도로의 버스가 움직이지 못할 정도로 사람들이 몰려들었다.

인간은 이와 같은 군중의 모습에 약하다. 사람이 몰려 있는 모습을 보는 것만으로 "대체 왜 줄 서 있어요?"라고 묻게 된다. "저도 잘 몰라요. 그냥 줄 서 있길래 저도 서봤어요…"라는 답이 돌아오기도 한다.

이런 군중심리는 그 활용 방법을 알면 입소문을 내는 데 굉장히 유리하다. 우리 사무소 근처에 있는 라면 가게는 고객의 행렬이 끊이지 않고 늘 손님으로 가득하다. 2층에도 자리가 있는데, 이 2층 좌석은 학생들만을 위한 전용 좌석으로 해두었기에 일반 손님은 들어갈 수 없다. '손님을 기다리게 할 바엔 2층 자리도 안내해주는 편이 돈을 더 많이 벌 수 있을 텐데…'라는 생각이 들지만, 반대로 늘 줄이 길기 때문에 오히려 항상 입소문이 나는 것이기도 하다.

한번 이 가게에서 먹은 손님은 친구에게도 말하고 싶어진다. 왜냐하면, 늘 사람들이 길게 줄을 서 있어서 보통은 쉽게 들어올 수가 없기 때문에 자신이 특별하게 경험한 것에 대한 우월감이 생겨 자랑하고 싶어지는 것이다.

이처럼 고객이 모이는 곳에는 언덕길에서 눈을 굴리면 그 눈덩이가 점점 더 불어나는 것처럼 손님 역시 점점 모이게 된다. 나는 이것을 '자전거 바구니의 법칙'이라고 부르고 있다. 역 앞에 있는 자전거의 바구니에 휴지를 하나 넣어둔다. 그러면 얼마 지나지 않아 휴지는 2개가 되고, 3개가 된다. 다음 날 바구니는 휴지로 가득 차게 된다.

이것은 휴지만의 이야기가 아니다. 모든 것에 적용할 수 있다. 예를 들어, 모금을 한다고 하자. 투명한 모금함을 2개 준비해서 하나의 모금함에는 동전이나 지폐를 조금 넣어두고, 또 다른 하나에는 아무것도 넣지 않는다. 그러면 동전이나 지폐를 넣어둔 상자는 아무것도 넣어두지 않은 상자에 비해 조금 빠른 속도로 모금이 된다.

이처럼 물체 자체에는 인력이 있어서 끌어당긴다. 이와 같은 법칙을 생각하면, 웨이팅 줄이 생기는 곳은 고객이 고객을 부르는 것이다.
"웨이팅하는 줄이 길면 좋겠지만, 우리는 원래 고객이 없어요"라고 한탄하는 분들도 있을 것으로 생각한다. 하지만 줄은 생기는 것이 아니다. 만드는 것이다. 많은 회사들이 줄을 만들 수 있는데도 만들려고 하지 않는다. 그렇기 때문에 고객이 고객을 끌어오지 못한다.

그렇다면 웨이팅 줄을 만들기 위해서는 어떻게 해야 할까? 사실 굉장히 간단하다.
어떤 것이라도, 어떤 회사라도 반드시 수요와 공급의 원칙이 있다. 즉, 공급을 줄이면 줄은 생기기 마련이다. 그런데 많은 회사들이 고객에게 상품을 무제한으로 공급할 수 있는 인상을 안겨준다. 상품 양에 의한 제한뿐만이 아니다. 직원의 노동시간에 의한 제한, 상품의 품질을 유지하기 위한 제한 등 여러 가지 수많은 제한이 있음에도 불구하고 많은 고객에게 될 수 있는 한 많은 양을 제공하려고 한다. 이로 인해 한 사람이라도 많은 고객을 획득하려고 하는 의지가 너무 빤히 보여 고객은 '언제든지 살 수 있으니까'라는 생각에 구매 결정을 쉽게 내리지 못한다. 그러면 친구에게 말하고 싶어지는 의욕 역시 생기지 않을 것이다.

현실적으로 대부분의 회사에서는 그 회사가 생각하는 것 이상으로 공급이 제한되어 있다. 예를 들어, 여러분의 회사가 스포츠 클럽을 운영한다고 해보자. 고객은 몇 명 정도 원하는가? 아마 "많을수록 좋습니다"라고 대답할 것이다. 하지만 현실적으로 공간이나 직원의 수를 생각해보면 300명 정도의 고객밖에 모을 수 없을지도 모른다. 더욱이 각각의 강사가 가르치는 회원의 수는 30명이 한계일지도 모른다. 스쿼시 클럽에 이미 23명의 회원이 있다면, 모을 수 있는 회원은 7명이다. 그 7명 중, 이미 3명이 예약을 끝냈다면, 결국 남은 4명만 모집할 수 있게 된다.

이처럼 전체의 파이로 보는 것이 아닌, 부분으로 세분화하면 공급은 생각한 것 이상으로 한계가 있다. 그러면 손님들이 줄을 서게 만들기 위해서는 그렇게까지 큰 노력을 기울이지는 않아도 된다.

웨이팅 줄을 만들면 회사에 많은 이익을 가져다준다. 먼저, 고객이 고객을 부른다. 가격을 올릴 수 있는 계기가 되기도 한다. 또한, 고객을 모으는 데 시간을 들이는 것이 아닌, 고객에게 서비스하는 것에 시간을 투자할 수 있다.

    당연히 불만을 표하는 고객도 있을 것이다. 하지만 그 고객에게 미안한 마음이 들어 공급을 올려버리면 대개의 경우, 질이 떨어지기 마련이다. 그 결과 지금까지의 고객은 떠나게 된다. 웨이팅이 사라지게 되는 것이다. 그럼 입소문을 일으키는 힘도 약해진다. 이렇게 악순환에 빠지게 될 위험성도 높아진다.

    여러분의 주변에서도 거래처의 요청에 따라 사업을 확대했다가 간접비와 고정비의 부담이 높아져서 위태로워진 회사가 있지는 않은가? 어려운 시기에 필요 이상으로 공급을 확대하는 것은 결코 현명한 방법이 아니다.

    어떤 레스토랑은 낮에 한 팀, 밤에 한 팀으로, 매일 딱 두 테이블만 예약을 받고 있다. 그 결과, 이미 반년 정도는 예약이 꽉 차 있다. 여행회사 '트랩 넘버원(도쿄도 치요다구)'은 과거에 항공권을 너무 싸게 팔아 업계의 비난을 받게 되자, 회원제로 운영방침을 변경했다. 그 결과, 기존 고객이 연회비를 납부하며 회원을 유지했을 뿐만 아니라, 주변의 소개 비율 역시 높아졌다고 한다.

    라면집 '멘s(오키나와 현 나하시)'는 지금까지 운영해왔던 장소가 폐쇄되자 새로운 곳으로 이전하게 되었다. 그때까지 하루에 100그릇 정도가 팔렸음에도, 새로 이전한 곳에서는 하루에 20그릇도 팔지 못했다고 한다. 고민하다가 어느 날, '2시간 한정 환상의 라면'이라고 써 붙이고 공급을 2시간으로 제한하자, 그 2시간 사이에 60그릇이 팔렸다고 한다.

어떤 회사에서 '누구라도 일하기 쉬운 회사입니다'라는 문구로 구인광고를 냈지만, 그다지 지원자는 몰리지 않았다. 그래서 이번에는 '우리 회사는 자주 모집하지는 않지만 소수의 우수한 인재를 모집하고 있습니다'라고 써 붙인 순간, 지원자가 넘쳐났다고 한다.

언젠가는 생기겠지 하며 막연하게 기다린다고 해서 기다리는 줄이 생길 리는 없다. 공급을 줄임으로써 줄은 스스로 만들어지는 것이다. 그 줄에 섰던 고객이 고생해서 얻은 그 귀중한 체험을 이야기하고 싶어지게 해야 한다. 이는 입소문을 퍼뜨리기 위한 굉장히 강력한 방법이다.

말하고 싶어지는 감정의 방아쇠 7

- 커뮤니티를 만들어라

필자의 강연회에 참가한 분에게서 들은 이야기다. 홋카이도에 재미있는 이발소가 있다고 했다. 그곳은 특이하게도 격투기를 좋아하는 사람들을 위한 이발소여서 비치해둔 잡지는 전부 다 격투기 관련이고, 과거 중요한 시합의 비디오 역시 전부 비치되어 있다. 이 이발소의 직원과 고객들의 정신적인 지주는 이소룡이라고 한다. 가게에는 온통 이소룡의 포스터가 쭉 도배되어 있다.

이곳의 고객들은 처음 만나는 사람도 처음 만나는 사람처럼 느껴지지 않는다고 한다. 처음 만났음에도 마치 10년 이상 친구였던 것처럼 마음 편하게 이야기를 꺼내게 된다. 예를 들어, "그 시합에서 기로틴 촉(격투기 기술)을 쓴 사람이 누구였지…. 아, 생각이 안 나네"라고 누군가가 말을 꺼내면, 모르는 사람이라도 바로 "그것은 마크 케어였죠" 하고 대답한다고 한다. 또한 점원과 고객의 관계가 이발소 안에서 끝나지 않는다. 그들은 함께 격투기 대회에 참가하기도 한다. 그래서 고객과 점원은 함께 연습하거나 합숙을 하기도 한다. 프로 격투기 선수가 자문을 해준다는 소문도 있다. 그만큼 대단히 특색 있는 이발소다.

격투기를 좋아하는 사람에게 있어서는 궁극의 휴식 장소라고 할 수 있는데, 이 매장에는 한 가지 문제가 있다. 그것은 예약제인데, 매번 예약이 가득 차 있다는 점이다. 그 때문에 머리를 자르고 싶을 때 쉽게 자르러 갈 수가 없다. 그래서 다른 이발소에서 머리를 자른 후에, 그 이발소에 가게 되는 것이다. 즉, 머리가 자라지 않아도 머리와는 상관없이 가고 싶은 이발소다. 농담 같지만, 실제 있는 이야기다.

'격투기 애호가'라는 극히 한정된 대상만으로 고객을 좁혔음에도 왜 예약은 항상 가득 차 있을까? 그렇다, 바로 입소문이다.
이 이발소는 격투기 애호가들을 위한 훌륭한 커뮤니티인 것이다. 인간은 자신이 속한 커뮤니티에 애착을 느끼면 느낄수록 참을 수 없을 정을 정도로 타인에게 그것을 말하고 싶어진다. 그리고 타인을 그 커뮤니티에 끌어들이려고 한다. 그래서 이 매장은 고객이 고객을 데리고 오는 것이다.

 그렇다면 여러분의 회사에서는 어떻게 해야 고객 커뮤니티를 만들 수 있을까? 이를 위해 최소한으로 해보았으면 하는 것이 있다. 그것은 고객의 범위를 좁히는 것이다.
 여러분의 회사를 격투기 애호가들을 위한 회사로 만들어보라는 이야기가 아니다. 또 통상적인 마케팅 책에 쓰인 것처럼 소득이나 연령층, 심리적인 속성 등으로 고객을 분석해서 통계학적으로 좁혔으면 한다는, 뭔가 있어 보이지만 실제로는 전혀 의미가 없는 부탁을 하는 것도 아니다.

 답은 간단하다. 여러분이 사귀고 싶은 고객으로 한정하면 된다. 이것이 커뮤니티를 만들기 위한 최저조건이다. 구체적인 예를 설명해보겠다.

 'VIP 산코우(카나가와현. 요코하마시)'의 커뮤니티는 일류 고객을 대상으로 하고 있다. 상품도 일류 메이커만으로 좁혔다. '일류의 상품을 일류의 서비스로, 그리고 일류의 고객에게'를 매장의 콘셉트로 정했다. 즉, '싼 가격의 물건을 구입하고 싶은 분은 다른 곳으로 가주세요'라는 것이다. 이처럼 대상 이외의 고객은 깨끗하게 포기해버리면 매장의 특징이 분명하게 드러난다. 그리고 이러한 특징에 공감하는 고객들이 모여든다. 이렇게 해서 일류 고객 커뮤니티가 형성되기 시작한다. 실제로 이 매장의 고객으로는 굉장히 유명한 스포츠 선수나 가수 등 말 그대로 일류 고객이 많았다.

고객의 범위를 좁히라는 것은 모든 비즈니스서에 반드시 언급되어 있는 이야기다. 하지만 현실적으로 고객의 범위를 좁히는 것은 굉장히 어렵다. '고객의 폭을 좁히자'라고 생각한 순간, 앞이 보이지 않아 나아갈 수가 없게 된다.

하지만 이 막힌 길을 해소할 간단한 방법이 있다. 2장의 종이를 준비하길 바란다. 우선, 한 장의 종이에는 여러분의 회사가 거래하고 싶지 않은 고객을 써보자. 예를 들어, 가격이 싼 제품만을 노리는 고객, 클레임을 자주 거는 고객, 무리한 요구를 하는 고객 등이다. 단순히 만나고 싶지 않은 고객의 구체적인 이름을 올려도 좋다. 이와 같은 고객은 라이벌 회사에 가는 편이 좋다.

고객의 이름을 다 적었다면, 이 종이를 구겨서 쓰레기통에 버린다. 또는 재떨이 위에 태운다. 물론 상식적인 경영자가 본다면, 혼날 만한 행동일 것이다.

그리고 나머지 한 장의 종이에는 이상적이라고 생각하는, 거래하고 싶은 고객의 스타일을 적는다. 거래하고 싶은 고객은 여러분이 그만큼 아끼고 있다는 의미니, 그것에 걸맞은 최고의 대우를 제공한다. 이 리스트에 선정된 고객에게 있어서 여러분의 회사는 자신에게 잘 어울리는, 둘도 없을 회사가 된다.

모든 고객을 사랑하려고 하니까 누구도 사랑할 수가 없는 것이다. 필요 없는 고객은 깔끔하게 쓰레기통에 버리자. 이렇게 하면 선정된 고객은 이 회사를 자신의 커뮤니티라고 생각하게 된다. 그리고 자신과 공감할 수 있는 동료를 늘리기 위해서 외부를 향해서 이 커뮤니티의 정보를 뿌린다. 입소문을 퍼뜨리는 것이다.

사장과 직원의 반성회 2

"왠지 모르겠지만, 고객과의 심리전 같아. 이토요카도(イトーヨーカ堂)의 사장이 "이제부터 소비는 경제학이 아니라 심리학이다"라고 이야기한 것은 바로 이런 의미일 거야."

"이 책의 저자도 감정으로 구매를 결정해서 자신들에게 유리하게 정당화시킨다고 말하고 있네요."

"즉, 어떻게 돈을 벌 것인가 하는 실학에 심리학을 연결시켜야 한다는 것이지. 이런 관점에서 입소문을 생각하면, 왜 사람은 말하고 싶어지는 것인가 하는 의문에 도달하게 되지."

"네, 그렇긴 한데 말하고 싶어지는 상황이라는 것은 그다지 높은 확률로 발생하는 것이 아니에요. 저는 그렇게 말이 많은 편도 아니지만, 말하고 싶어지는 상황은 대체로 파친코에서 이기거나 경마에서 돈을 땄다거나 귀여운 여자친구가 생겼다든가 할 때거든요. 그런 극적인 순간이 거의 대부분입니다."

"자네는 단순하니까 그렇겠지. 극적인 순간이나 극적인 공간이라는 것은 입소문을 일으키지. 이것이 저자가 말하는 입소문의 갭 이론일 것이야. 하지만 일반적으로 사람에게는 더 다양한 패턴이 있을 거야. 이 책에 의하면 말하고 싶어지게 하는 7가지 계기가 있다고 했는데, 그 7가지가 뭐였지?"

"스캔들, 이야기, 적, 내면의 욕구, 줄, 주인공, 커뮤니티. 이 7가지입니다. 어떻게 사용하느냐에 따라 각각 꽤 효과가 있을 것 같습니다."

"그럴까? 이야기하고 싶어지는 감정이라는 것은 알겠는데, 실제로 우리 회사에 이용하려고 생각하면, 도무지 엄두가 나지 않아. 대체로 컨설턴트들은 구체적인 것은 절대 말하지 않잖아."

"사장님은 그렇게 말씀하시지만, 사례를 그대로 적용한다고 해서 잘될 리 없잖아요."

"그건 그렇지. 우리 회사에는 우리 회사만의 상황이 있으니 말이야. 스스로 생각하지 않으면 실행할 수가 없겠지."

"즉, 우리에게 있어서 최적의 답을 찾아내지 않으면 안 됩니다. 이를 위해서는 그 답을 도출해내기 위한 최적의 질문을 하지 않으면 안 됩니다."

"그럼 우리 회사의 입소문을 퍼뜨릴 만한 방법을 찾아내려면 대체 어떤 질문을 하면 좋을까?"

"그것은 6가지 질문에 대답하면 됩니다. 다음 장에서 저자는 6가지 질문에 관한 해설을 하고 있습니다. 이것은 콜럼버스의 달걀입니다."

제4장 |

입소문을 컨트롤하는 방법

제3장에서는 고객이 주변에 말하고 싶어지는 감정이 대체 어떤 요인에 의해서 생기는지를 이야기했다. 하지만 이것은 어디까지나 '개인적인 측면에서 어떻게 하면 이야기하고 싶어지는가'에 대한 이야기다. 고객이 말하고 싶어지는 요소는 이해했지만, 그것만으로는 입소문을 일으키기 어렵다.

입소문은 한 사람이 말하는 것만으로는 부족하다. 한 명이 말하는 것이 아니라, 그것이 연쇄작용을 일으켜서 작용하지 않으면 안 된다. 한 사람이 몇십 명, 아니 몇백 명에게 전달해야 한다. 입소문이 나기 위해서는 이와 같은 연쇄작용이 꼭 필요하다.

내가 '연쇄작용'이라는 개념을 중요시하는 이유는 어떤 개인적인 체험 때문이다. 나는 예전에 《90일 만에 당신의 회사를 고수익 기업으로 바꿔라》라고 하는 책을 출판했다. 이 책은 마케팅 관련서로서는 이례적으로 일본에서 연간 10만 부 이상의 경이적인 판매 부수를 기록했다. 여러분들에게만 살짝 고백하자면 '예상외로 많이 팔렸다'라는 것이 솔직한 심정이었다.

사실 책이 팔리는 모습을 지켜보고 있으니, 어느 순간부터 갑자기 잘나가고 있다는 생각이 들었다. 텔레비전에 소개된 것도 아니고, 신문이나 잡지 등에 서평이 올라간 것도 아니었다. 〈톱 포인트〉라고 하는 주목 도서를 경영자층에 소개하는 잡지에는 다루어진 적이 있긴 하지만, 미디어에 소개된 것은 그게 전부였다. 다른 잘 팔리는 도서와는 달리 언론에 노출되지 않았다.

내 책인데 신기하다고 생각한 것은 독자들의 입소문이 대단했다는 점이다. 한 OA기기 관련 브랜드의 사장님은 이 책을 전 직원에게 사서 읽도록 지시했다고 한다. 또 어떤 중견 건축자재 회사에서는 전반적으로 이 책에 제시된 방법으로 영업을 하겠다고 발표했다. 어떤 화장품 회사는 이 책을 2,000부 정도 사서 대리점에 비치하도록 했다. "저는 적어도 20부 정도는 이 책을 팔았습니다"라는 내용의 독자 엽서도 있었다. 이처럼 내 책에 대해서 적극적으로 이야기해주고 소개해주는 독자들이 속출했다.

나는 이 현상이 굉장히 신기했다. 대체 무엇이 이 사람들을 이야기하고 싶어지게 했을까? '소문을 퍼뜨린다'라는 행위가 전염되는 프로세스란 대체 어떤 것일까? 나는 이 프로세스를 알면 기존의 고객을 바탕으로 새로운 고객을 늘릴 수 있는 방법론을 구축할 수 있을 것 같았다. 나는 입소문과 소개의 관점에서 지금까지의 내가 해온 컨설팅 방법을 다시 한번 확인해보았다. 그리고 비즈니스 현장에서 입소문을 퍼뜨릴 방법을 알아내기 위해서 시행착오를 거듭했다. 그 결과, 입소문이 전염되는 프로세스를 시스템화해서 구축하는 방법에 대해 어느 정도 감을 잡을 수 있었다.

고객이 고객에게 입소문을 전염시키는 경우는 6가지 중요한 열쇠(Key)가 있다. 이 열쇠를 활용하면, 여러분의 회사에서 취해야 할 구체적인 대책을 알 수 있게 될 것이다.

이 장에서는 여러분의 회사에서 입소문을 전염시키는 프로세스를 구축하는 방법을 단계별로 설명하려고 한다.

고객이 고객을 데려올 수 있도록 하는 방법

'감기에 걸렸다'라고 상상해보자. 여러분은 무슨 생각을 하게 될까? 누구한테서 옮은 거지? 어디서 옮은 거지? 회사에서 옮은 건가? 아니면 함께 밥을 먹었을 때 옮은 건가? 조금 생각해보면 '아, 그때 옮은 거구나'라고 짐작할 수 있을 것이다.

이처럼 감기는 무작정 전염되는 것이 아니다. 특정의 조건이 갖춰져야 전염된다. 입소문도 이와 같다. 무에서 유가 탄생하지는 않는다. 특정의 조건이 갖춰져야 퍼진다.

그럼 이 조건에는 어떤 것들이 있을까?

입소문 전염 프로세스의 열쇠(Key)가 되는 조건은 다음의 6가지가 있다.

> ① 입소문을 퍼뜨릴 사람
> ② 입소문을 퍼뜨릴 상품
> ③ 입소문을 퍼뜨릴 장소
> ④ 입소문을 퍼뜨릴 계기
> ⑤ 입소문을 퍼뜨릴 메시지
> ⑥ 입소문을 퍼뜨릴 수단

이 각각의 열쇠에 대해서 설명하겠다.

입소문 전염 프로세스 첫 번째 열쇠

- 입소문을 퍼뜨릴 사람

양떼 목장에서 양떼를 이동시키는 방법에는 2가지가 있다고 한다. 하나는 막대기를 들고 양을 한 마리, 한 마리 모는 방법이고, 또 다른 방법은 맨 앞의 양에게 방울을 달아놓아 그 방울 소리로 다른 양들이 그 뒤를 따르게 하는 것이다.

여러분이라면 어떤 방법을 사용하고 싶은가? 한 마리, 한 마리 양을 막대기로 몰면서 달리고 싶은가? 아니면 영향력이 있는 양 한 마리의 목에 종을 달아서 그 뒤를 십수 마리의 양이 따르게 하고 싶은가?

이와 같은 원리가 입소문을 퍼뜨리는 데도 적용된다. 대부분의 기업이 입소문에 대해 '고객 만족도를 높이면 고객은 감동해서 주변에 이야기하게 되고, 친구를 소개한다'라고 생각한다. 물론 틀린 말은 아니다. 하지만 그것은 한 마리, 한 마리의 양을 막대기를 들고 몰고 다니는 것과 같이 그다지 머리를 쓰지 않고 노동을 하는 것이다.

머리를 사용하지 않는 노동은 죄라고 할 수 있다. 기왕 두뇌를 가지고 태어났으니 지적 노동을 하는 것이 바람직하다. 현명하게 살아야 조금 더 편하고, 그리고 즐겁게 일할 수 있다.
그럼 이 양치기처럼 입소문 소개를 현명하게 활용하기 위해서는 어떻게 해야 할까?

방울을 양떼의 선두에 선 양에게 단 것처럼, 입소문을 퍼뜨리고 소개를 시켜주는 고객에도 차이가 있다. 즉, 모든 고객이 똑같이 누군가에게 소개하는 것은 아니라는 것이다. 고객을 소개하는 사람은 소개하고, 소개하지 않는 사람은 소개하지 않는다.
우리 회사에 대해서도 고객을 소개해주는 사람은 철저하게 잘 소개해준다. 언젠가 소개 캠페인을 개최했더니 자신이 가지고 있는 명함 300명을 복사해서 팩스로 보내준 경우도 있었다. 그 많은 명함을 복사하는 것은 굉장히 힘든 작업이었을 것이다. 그런 수고를 전혀 거리낌 없이 하면서 소개해주었다.

그런데 반대로 소개해주지 않는 사람은 전혀 소개해주지 않는다. 내 강연회에 한 번도 빠짐없이 참여해주는 사람이 있다. 그 사람은 내가 추천하는 것은 반드시 전부 다 구입한다. 어떤 의미에서 '신뢰할 만한 고객'이지만, 그분이 적극적으로 주변에 소개해주느냐 하면, 그건 전혀 아니다. 여러분의 회사는 어떤가? 새삼 생각해보면 '소개해주는 사람은 이 사람과 저 사람'이라고 머리에 바로 떠오르지 않는가?

이처럼 고객들 중에게는 소개하는 것을 좋아하는 사람과 소개하는 것에 그다지 관심이 없는 사람이 있다. 소개를 좋아하는 사람은 소수이지만, 수많은 고객을 소개시켜준다. 바로 이 소개해주기 좋아하는 소수의 사람이 입소문 마케팅에서는 '방울을 단 양'이 된다.

> **key**
> 입소문을 퍼뜨리기 위해서는 어떤 사람에게 방울을 달아야 할까?

이것이 여러분이 입소문을 퍼뜨리기 위해 대답하지 않으면 안 될 첫 번째 중요한 질문이다.

우선 대략 150명의 인원을 선정한다. 이 숫자는 인류학에서는 '150의 법칙'이라고 불리는 것으로 '이 사람은 친구다'라고 할 수 있는 최대 허용 인원수다.

예를 들어, 결혼식 청첩장을 보낸다고 해보자. 그럼 평균적으로 120~150명의 정도의 사람이 생각날 것이다. 연하장을 보낼 때 역시 이와 비슷한 숫자가 될 것이다. 단순히 '지인'이 아니라 오랜만에 만나도 전혀 불편함 없이 술 한잔 할 수 있는 '친구'라고 부를 수 있는 사람의 숫자를 세어보면 150명 정도가 된다고 한다. 이 150명의 고객이 방울을 단 양이 된다.

150명을 선택하는 3가지의 우선순위

그렇다면 어떤 기준으로 150명의 사람을 선정하면 좋을까? 우선순위는 다음과 같다.

① 과거에 고객을 소개해준 사람

과거에 고객을 소개해준 적이 있는 사람을 최우선적으로 선택한다. 왜냐하면, 한번 소개한 고객은 다음에도 다시 소개해줄 가능성이 크다. 소개해주는 것에 익숙해져 있기 때문이다.

이것은 영업 직원이 한번 상품을 파는 데 성공하면, 그 후에도 성공하기 쉬운 것과 마찬가지다. 이것을 내공이 생겼다고 하는데 고객도 마찬가지다. 한번 소개한 고객은 '소개를 하려면 어떻게 해야 하는지'에 대한 내공이 생긴다. 그 결과, 전혀 소개하지 않는 고객에 비해서 능숙하게 소개할 수 있다.

"과거에 고객을 소개해준 사람은 누구입니까?"라고 질문하면 아마 사장님은 바로 대답하지 못할지도 모른다. 하지만 평소에 고객과의 접점이 있는 직원은 그것을 대충이라도 알고 있는 경우가 많다. 고객명부를 보고 소개해줄 만한 고객의 이름을 체크해보자.

② 소개를 통해 고객이 된 사람

다음으로 우선해야 하는 것은 소개를 받고 고객이 된 사람이다. 왜냐하면 소개로 고객이 된 사람은 광고를 보고 고객이 된 사람보다 소개할 가능성이 크기 때문이다.

광고를 보고 고객이 된 경우는 그 회사를 정말로 추천해도 좋은지, 아닌지를 독자적으로 판단해야 한다. 하지만 소개로 고객이 된 경우는 혼자 판단하는 것이 아니다. 이미 다른 지인의 보증을 받았기 때문에 그것만으로도 안심을 하고 자신의 지인에게도 소개하게 된다. 더욱이 자신도 소개받았기에 소개해주는 것을 당연하게 여긴다.

③ 정보 발신자 역할을 하는 사람

마지막으로 정보 발신자 역할을 하는 고객을 선택한다. 이 사람이 말하면 많은 사람이 몰려들 가능성이 크기 때문이다.

예를 들어, 내 책은 〈톱 포인트〉라는 잡지에 실린 덕분에 이 잡지의 독자들이 내 책을 알게 되었다. 또, 인터넷상의 이메일 매거진에도 몇 차례 게재되었다. 이로 인해 문의 전화가 눈에 띄게 늘었다.

이처럼 영향력이 있는 인재, 신용이 있는 인재를 선택한다. 예를 들어 학교 선생님, 정치가, 경영자, 매스컴, 신문기자뿐만 아니라 그 밖에 말하는 직업을 가진 사람 등이다. 이와 같은 직업은 정보의 발신자 역할이 되는 경우가 많다.

얼마 전, 인터넷 전자 상거래 회사의 창립자와 이야기를 나누었는데, 회사의 창업 초기, 이 회사의 고객 중에는 요즘 잘나가는 인터넷 컨설턴트가 여러 명 있었다고 한다. 즉, 말하는 것을 직업으로 삼고 있는 사람은 입소문의 큰 원동력이 된다.

이처럼 고객 모두에게 같은 노력을 하는 것이 아니라, 소개하기 쉬운 경향이 있는 영향력이 높은 소수의 인원에게 사내 소식을 전하면서 잘 대해주는 것이다.

입소문 전염 프로세스 두 번째 열쇠

- 입소문을 퍼뜨릴 상품

지금까지 소개한 방법으로 여러분은 핵심이 될 150명의 사람을 명확하게 구분할 수 있게 되었다. 이 150명의 사람을 통해서 입소문 바이러스를 전염시키기 위해서는 다음의 작업이 중요하다.

입소문 전염 프로세스의 제2단계에서는 전염시킬 상품을 명확히 할 필요가 있다. 이 상품을 잘못 선택하면 입소문은 생각보다 많이 퍼지지 않는다.

예시를 들어 설명해보겠다.

앞에서 이야기한 바 있는 '주식회사 소라'는 고객 수가 1,750명 정도 되는 회사다. 작년 초에 입소문 전염 프로세스를 다시 조사해서 소개 캠페인 내용을 바꾸었다. 그 결과, 지금까지 소개에 의한 신규 고객은 매달 25명 정도였는데, 현재는 매달 40~50명으로 늘었다고 한다. 키가 되는 단골 고객이 500명일 경우, 그 8~10%가 매달 새로운 고객을 소개해주는 것이다.

매달 발생하는 숫자만 놓고 본다면 결코 놀랄 만한 수치는 아니다. 하지만 이 숫자는 매달 지속적으로 발생하는 숫자다. 거기다 입소문이라고 하는 매체에 의해서 늘어나는 것이니 비용은 전혀 들지 않는다. 이처럼 입소문이라는 것은 시스템화함으로써 단기적인 효과가 아닌, 미래 영구적으로 이익을 창출할 수 있게 된다.

입소문 프로세스를 설명하기 전에 우선 이 회사에 대해서 간단하게 설명하려고 한다. 주식회사 소라는 건강식품을 기획, 판매하고 있다. 이 회사의 사장님은 이학박사이며, 상품의 질에 철저하게 신념이 있는 분이다. 이 회사의 상품으로는 다이어트 식품, '산호의 힘'이라고 하는 물 관련 상품, 칼슘 보충용의 식품 등이 있다.

광고를 통해 효율적으로 판매를 확대하는 방법도 있지만, 돈이 드는 광고에는 소극적이었기에 기존 고객을 바탕으로 해서 소개를 통해 고객을 늘려나가는 방법을 우선 시도해보았다.

소개 고객을 늘린다는 계속성이 있는 구조는 어떻게 만들어야 좋을까? 정말로 그렇게 알맞게 시스템을 구축할 수 있을까? 처음에는 다들 확신을 갖지 못하고 애매한 태도를 보였다.

그래서 주식회사 소라의 나가시마 사장, 신도 씨와 그리고 나, 이렇게 세 사람은 좁은 회의실에 모여 이야기하게 되었다.

다음은 그 회의에 대한 기록이다.

"간다 씨는 '기존 고객의 소개를 받자'라고 하셨지만, 소개해주는 사람은 극히 일부분의 고객입니다."

"네, 소개해주는 사람은 일부라는 것은 어쩔 수 없지만, 그 수가 늘게 되면 효과가 있을 것입니다."

"어떻게 하면 될까요?"

"소개를 받고 오는 사람은 보통 어떤 상품을 구입하는 경우가 많다고 생각하시나요?"

"음…. 그것은 사람마다 다릅니다."

"사람마다 다르군요, 그래도 딱 잘라서 '이것'이라고 하는, 비교적 많은 물건은 어떤 것인가요?"

"아무래도 '산호의 힘'이라고 할 수 있을 것 같습니다. 산호의 분말을 주성분으로 하고 있지만, 물에 녹여서 먹을 수 있습니다. 그 외의 상품은 한 번에 바로 알기 어렵게 되어 있어서 구입하기 어려울지도 모르겠습니다."

이 이야기의 포인트는 무엇일까? 어떤 회사든 많은 상품이 있을 것이다. 하지만 고객이 입소문을 퍼뜨릴 것이라 상정해본다면, 어려운 상품은 입소문을 내기 어려울 것이다. 이것은 말 전하기 게임을 할 때, 복잡한 메시지를 전달하려고 하면 잘 전달되지 않아서 오히려 엉뚱한 말이 되는 것과 마찬가지다. 그러므로 입소문이 나는 것은 알기 쉬운 상품일 경우가 많다.

상품이 굉장히 여러 가지인 회사의 경우, 소개하는 고객은 "이 회사의 상품은 좋아"라고 모든 상품을 평등하게 다 좋다고 소개하지는 않는다. 또 "너에겐 이것이 좋겠어"라고 각각의 친구에 맞춰서 상품을 변경하는 것도 아니다. 이런 맞춤 제안 영업은 뛰어난 영업 직원들이 하기에도 어려운 것이기에 아무런 대가 없이 움직이는 고객이라면 더더욱 하기 어려울 것이다.

여기서 소개하는 상품 역시 80대 20의 법칙(파레토 법칙 : 어떤 일에서 20%의 원인이 80%의 결과를 만들어내는 현상)이 성립할 것이다. 즉, 20%의 상품이 80%의 소개를 얻을 요인이 될 것이라고 예상할 수 있다.

여러분이 입소문을 퍼뜨리기 위해 대답하지 않으면 안 될 두 번째 중요한 질문은 바로 이것이다.

> **key**
> 소개받은 고객은 먼저 어떤 상품을 구입할까?

물론 이 질문에 대한 답이 구체적인 상품이 아니어도 좋다. 조금 폭넓게 상품 카테고리여도 상관없다. 예를 들어, '카르띠에 반지'가 아니라 '결혼 반지'를 구입하는 경우가 많다든가, '아론 의자'가 아니라 '사무용 의자'를 구입하는 경우가 많다고 하는 식이다. 즉, 꼭 특정 상품명일 필요는 없다.

그렇다면 상품이 한 품목밖에 없는 회사는 어떻게 하면 좋을까? 예를 들어 포장 이사업체가 있다. 이 경우, 상품은 하나라도 상황에 따라 세분화할 수 있다. 소개받은 경우에는 맨션의 이사가 많다든가, 전근으로 인한 이사가 많다든가 하는 식이다. 즉, 소개에 따라서 80%의 영향력을 가진 20%의 상품, 또는 상품 카테고리는 무엇일지 생각해보았으면 좋겠다.

덧붙여, 지금 여러분이 이 질문에 대해 납득할 수 있는 답이 발견되지 않는다고 해도 큰 문제는 없다. 모르면 모르는 대로 놔두자. 이 책을 읽어나가다 보면 사고의 상승작용이 일어나 어느새 답을 떠올리게 될 것이다.

입소문 전염 프로세스 세 번째 열쇠

- 입소문을 퍼뜨릴 장소

　주식회사 소라의 두 사람은 자신들이 하는 일을 지나치게 단순화하는 것이 불안한 것 같았다. 누구라도 자기 일을 간략하게 축약하거나, 간단하게 생각하는 것은 쉽게 납득하지 못할 것이다. '우리의 상황은 독특하기에 다른 곳과 같이 단순화시키는 것은 조금 곤란하다!'라고 생각할 수 있다.
　하지만 비즈니스는 '가설과 검증'이 중요하다. 가설을 세우고 그것을 검증한다. 그런 당연한 것을 하기 위해서 나는 이야기를 계속 이어갔다.

　"고객은 다양한 상품을 통해서 고객을 소개하고 있는데, 가령 '산호의 힘'을 소개하는 경우가 가장 많다는 전제하에 이야기를 해봅시다. 이 가설로 괜찮겠습니까?"

"네. 그렇게 이야기를 진행합시다."

"그럼, 왜 '산호의 힘'을 소개하는 경우가 제일 많을까요?"

"권하기 쉬워서가 아닐까요?"

"그렇군요, 그럼 과연 어디에서 권하는 것일까요?"

"음… 그것은 제각각일 것 같습니다."

"그럼 최근에 '산호의 힘'을 가장 많이 소개해준 사람은 어떤 고객입니까?"

"구체적으로 이야기해도 괜찮나요?"

"네, 구체적으로 이름을 이야기해주세요."

"네, 구도 씨입니다."

"그럼 구도 씨는 과연 어디에서 소개했을까요? 그가 주변에 소개하는 모습을 상상해주세요."

"아마 친구와 수다 떨 때겠지요?"

"전화로요?"

"아닙니다. 아마 카페 같은 곳이 아닐까요?"

"어떤 모임에서 친구들과 함께 모였을 때겠군요."

"그렇죠!"

여기에서의 포인트는 고객이 입소문을 전염시키는 '장소'다. 감기는 무작정 옮는 것이 아니다. 전철 안이나 사람이 많은 장소 등

특정할 수 있는 상황에서 전염된다. 입소문 역시 마찬가지다. 사람에게서 사람으로, 어떤 메시지가 전달되는 경우, 특정의 상황이 있음이 분명하다. 그러면 '산호의 힘'의 경우, 역시 전화로 이야기가 전달될 것이라고는 생각하기 어렵다. 그보다는 카페나 레스토랑에서 식사하고 있을 때 화제가 되기 쉬울 것이다. 이것은 주식회사 소라의 입소문 바이러스가 전염되기 쉬운 장소다.

여러분이 입소문을 퍼뜨리기 위해 대답해야 할 세 번째 중요한 질문은 다음과 같다.

> **key**
> 고객은 어떤 장소에서 우리 상품을 화제로 삼을까?

이 질문에 대한 답 역시 지금은 명확하지 않아도 괜찮다. 나중에 퍼즐이 하나하나 맞춰져 하나의 그림이 되는 것처럼, 각각의 질문이 연결될 것이다. 머릿속 한구석에 넣어두고 다음 단계로 나아가 보자.

입소문 전염 프로세스 네 번째 열쇠

- 입소문을 퍼뜨릴 계기

"그렇다면 그 카페에서 갑자기 '산호의 힘'에 대해서 꺼내는 건가요?"

"아니요, 갑자기 이야기를 꺼내는 것은 아무래도 이상하지요."

"그럼 '산호의 힘'이 이야기의 화제가 되려면 어떤 계기가 필요한가요?"

"아마 이 연령대의 사람들에게는 건강에 관한 이야기가 빠지지 않으니, 그것이 계기가 되지 않을까요?"

"방금 이야기한 구도 씨는 '산호의 힘'을 가지고 다니시나요?"

"그렇습니다."

"그럼 카페에서 무엇을 합니까?"

"그 '산호의 힘'을 물에 타겠지요."

"그러면?"

"주변의 친구들이 그게 뭐냐고 묻겠지요."

"바로 그것입니다. 입소문이 일어나는 진짜 순간은!"

여기에서 소개자는 친구의 관심을 확 끌어내는 행동을 하고 있다. 친구의 눈앞에서 '산호의 힘'을 물에 타서 마시는 것이다. 물론, 모든 소개자가 이렇게 행동하는 것은 아니다. 하지만 모든 소개자의 행동 패턴을 해명할 필요는 없다. 우리가 알고 싶은 것은 소개해 주는 사람이 많은 소개자, 즉 최우수 영업 직원과 같은 최우수 소개 고객은 '대체 어떤 수단을 통해 주변에 소개하는가?' 하는 것이다.

최우수 영원 직원과 마찬가지로 최우수 소개 고객은 효율적으로 소개하는 노하우를 가지고 있을 것이다. 그러면 소개를 확산시키기 위해서 가장 간단한 방법은 최우수 소개 고객이 사용하는 방법을 새로운 소개 고객에게 전수하는 것이다. 최우수 소개 고객은 어떤 식으로 소개하고 있는지 찾아보자. 여러분은 그 효율적인 소개 방법을 다른 고객에게 전수하면 되는 것이다.

이제 최우수 소개 고객은 '구도 씨'라는 고객이라는 것을 알았다. 최우수 영원 직원은 이야기할 계기를 포착하는 것이 능숙하다. 그 계기를 포착하지 않으면, 이야기를 꺼내기조차 힘들기 때문이다.

따라서 최우수 소개 고객에게도 자신은 전혀 의식하지 못하겠지만, 소개하는 상품을 화제로 삼는 계기는 분명 있을 것이다.

여기서 여러분이 입소문을 퍼뜨리기 위해 대답해야 할 네 번째 중요한 질문은 다음과 같다.

> **key**
> 최우수 소개 고객은 어떤 계기로 그 화제를 꺼내는 것일까?

입소문 전염 프로세스 다섯 번째 열쇠

- 입소문을 퍼뜨릴 메시지

　최우수 소개 고객이라는 콘셉트가 보이자, 주식회사 소라의 두 사람의 눈빛도 조금 달라졌다. 수많은 소개를 하고 있는 최우수 소개 고객의 행동, 그것을 알게 되면 입소문을 퍼뜨릴 수 있는 실마리가 될 것이다.

　"진정한 순간이란 어떤 때를 말합니까?"
　"그것은 소개할지 말지를 결정하는 결정적인 순간을 말합니다. 계기가 없으면 이야기를 꺼내기 힘들잖아요? 예를 들어, 여러분이 새로 집을 지었다고 합시다. 그럼 여기저기에 이야기하고 싶어질 것입니다. 그런데, 갑자기 '나 집을 새로 지었어'라고 말한다면, 굉장히 자랑하는 것처럼 들릴 것입니다. 그렇기에 그 화제를 꺼낼 수 있는 계기를 노려서 이야기할 것입니다. 그것이 이번의 경우에는 '산호의 힘'을 눈앞에 있는 컵에 넣는 것이었습니다."

"그러고 보니 그런 행동 패턴을 보이는 손님이 많았습니다."

"그럼 주변의 친구들은 뭐라고 할까요?"

"'그게 뭐야?'라고 묻겠지요."

"그럼 구도 씨는 뭐라고 답할까요?"

"글쎄요, 뭐라고 할까요. 아, '이 산호의 힘을 넣으면 물이 더 맛있어'라는 식으로 이야기할 것으로 생각합니다."

"'이것을 넣으면 염소가 사라질 뿐만 아니라 칼슘이 풍부해진대. 굉장하지?'라고 말하지 않을까요?"

"아마 그럴 것이라고 생각합니다."

"그 '정해진 문구'가 있을 것입니다. 그것을 알아봐주지 않겠습니까? 그 작은 계기가 큰 파도를 일으킬 것입니다."

구도 씨의 '정해진 문구', 이것이 입소문을 일으키는 핵심 부분이다. 말 전하기 게임이라고 한다면, 전하는 메시지 부분이다. 말 전하기 게임은 전달하는 메시지가 복잡하면 잘못 전달될 가능성이 크다. 그만큼 인간의 기억은 불확실하다. 그러므로 누구라도 직감적으로 알 수 있는 간결한 메시지로 전달하지 않으면 안 된다.

입소문이 전염되는 프로세스 역시 마찬가지다. 입소문이 퍼질 때, 그 메시지는 굉장히 단순한 경우가 많다. 그 단순한 말, 즉 톱 소개 고객이 사용하는 소개 메시지를 알고 싶다.

그렇다면, 여러분이 입소문을 퍼뜨리기 위해서 대답하지 않으면 안 될 다섯 번째 중요한 질문은 다음과 같다.

> **key**
> 최우수 소개 고객은 어떤 말을 사용해서 설명할까?

주식회사 소라의 두 사람은 굉장히 곤란한 표정을 보였다. 왜냐하면, 구도 씨가 사용한 말을 어떻게 알아내야 할지 전혀 알 수가 없었기 때문이다.

사실, 그것을 알아낼 간단한 방법이 있다.

예를 들어, 고객에게 이런 전화가 왔다고 해보자.

"구도 씨로부터 소개를 받았습니다."

그때, 다음과 같은 마법의 질문을 하는 것이다.

"아, 그렇습니까? 구도 씨는 저희에 대해서 뭐라고 이야기해주셨나요?"

이 한마디는 강력하다. 이 한마디에는 내가 '마법의 질문'이라고 할 수 있을 정도의 강력한 효과가 있다.

첫 번째로, 이 간단한 질문을 통해 최우수 소개 고객이 어떤 상황에서, 어떤 말을 사용했는지 알 수 있다.

두 번째로, 이 질문에는 고객이 스스로를 납득시키는 효과가 있다. 자신이 이야기하는 동안 자신을 설득시키게 되는 것이다. 그러므로 여러분은 상품 설명을 전혀 하지 않고도 고객에게 상품을 팔 수 있게 된다.

전달하기 쉬운 메시지를 만드는 방법

그런데 최우수 소개 고객이 능숙하다고 해도 그것이 직업인 것은 아니기에, 반드시 전문적이고 이상적인 소개말을 사용한다고는 할 수 없다. 그래서 여러분은 최우수 소개 고객이 사용하는 메시지를 참고로 해서 전달하기 쉬운 메시지를 발견할 필요가 있다.

여기에서는 효과적으로 소개 메시지를 만드는 2가지 비결을 전하려고 한다.

첫 번째 비결은 여러분 회사의 상품을 간단하게 20초 이내에 설명하는 것이다. 왜 20초 이내일까? 나는 20초라는 숫자를(엄밀히 말하면 22~25초이지만) 전혀 새로운 주제에 대해서 상대의 관심을 끄는

데 필요한 한계 시간이라고 생각한다. 다시 말하면, 상대가 모르는 주제에 대해서 이야기할 때, 상대의 관심을 20초 이내에 잡지 않으면 상대는 그것에 대해서 전혀 귀를 기울이지 않게 된다는 것이다.

이 20초의 숫자에 대한 실험 결과가 있다.

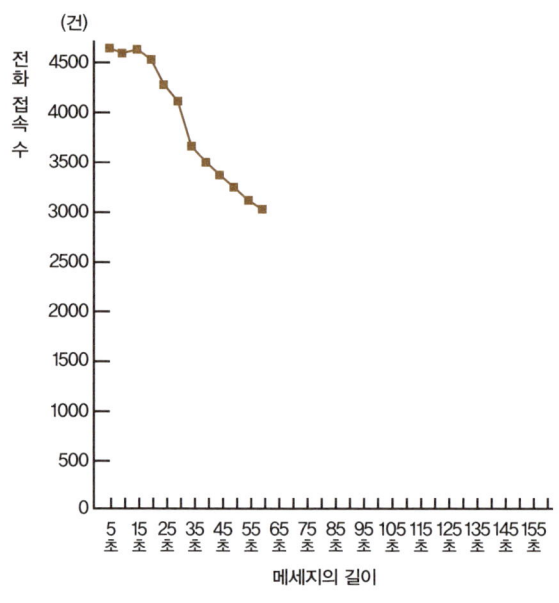

(출처 : 지에프 사내 자료)

'주식회사 지에프(도쿄 분교구)'는 오토 다이얼이라고 하는 컴퓨터로 전화를 거는 서비스를 제공하고 있다. 기업이 고객을 모으기 위해서 활용하는 방법인데, 오토 다이얼을 활용하면 수십 분 안에 몇 천 건의 전화를 걸어 가망 고객에게 동일한 메시지를 전달하는 것이 가능하다.

전화를 받은 입장에서는 갑자기 컴퓨터에 의한 녹음된 메시지가 흘러나오니 당연히 도중에 전화를 끊어버린다. 하지만 메시지가 흘러나오기 시작한 지 22초~25초까지는 전화를 끊는 확률은 0%였다. 그 후, 전화를 끊는 비율은 1초마다 급속하게 높아졌다. 다시 말해, 22~25초 사이라면 거의 100%의 사람이 메시지를 들어준다는 의미다.

우리는 이 실험 데이터를 통해 상품의 내용을 입으로 전달할 때는 특징을 20초 이내로 축약해서 간결하게 표현하는 것이 중요하다는 것을 알 수 있다.

또 하나의 비결은 전달하는 메시지에 상품의 특징을 2가지 넣는 것이다. 말하자면. "수돗물에서 염소를 제거해서 맛있는 미네랄워터로 만든다"라는 것이 2가지의 상품 특징이다. 상품 특징이 하나뿐이면 설명에 구체성이 떨어진다. 예를 들어, '수돗물에서 염소를 제거했다'라고 설명한다고 하자. 그런데 이것만으로는 이 상품에 대해서 잘 알 수가 없다. 왜냐하면, 같은 설명에 해당하는 상품, 즉 정수기의 물이나 미네랄워터 등이 굉장히 많기 때문이다. 마찬가지로

'맛있는 미네랄워터'라고 설명한다고 해도 명확성은 떨어진다. '미네랄워터'라면 편의점에 가서 사면 된다고 생각하게 되기 때문이다.

하지만 2가지의 특징을 거론하면 대상이 한층 더 좁아져 이야기하고 있는 내용이 굉장히 명확해진다. 하나의 점에 선을 그으면 조금 불안해보이지만, 2개의 점으로는 선을 고정할 수 있다는 것과 같다. 그러므로 2가지 이상의 특징을 20초 이내에 전달하는 것이 상품을 명확화하고 간결하고 전달하기 쉬운 메시지를 만드는 비결이다.

자신의 회사의 상품을 간결하게 설명하는 것은 언뜻 보면 굉장히 쉬워 보인다. 하지만 실제로 "상품을 20초 이내에 간단하게 설명해주세요"라고 부탁하면, 많은 회사들이 설명을 어려워한다. 왜냐하면, 한꺼번에 많은 것을 전달하려 하기 때문에 상대의 흥미를 끌 20초의 마지노선을 넘어버리게 되기 때문이다. 그러면 상대는 귀를 닫아버린다. 게다가 회사가 전달하려는 말은 말 전하기 게임에서 다른 사람에게 전달하려고 하는 간결한 단어가 아니다. 그럼 바로 그 시점에서 입소문 프로세스가 중단되어버린다.

여러분 회사의 상품 설명이 초등학생이라도 쉽게 알 수 있고, 직감적으로 이해할 수 있는지 한번 체크해보길 바란다.

입소문 전염 프로세스 여섯 번째 열쇠

- 입소문을 퍼뜨릴 수단

주식회사 소라의 두 사람과의 토론이 점차 열기를 띠게 되면서 질문도 점점 많아졌다.

"간다 씨, 그럼 구도 씨는 '이거 아주 좋아. 염소를 제거해서 맛있는 미네랄워터를 만들어줘'라고 말했다고 가정해보는 것이지요?"

"네, 현실적으로는 '염소 물을 마시면 암 발생률이 높아져요'라고 말할지도 모르겠지만요. 하지만 매번 의식하지 않고 사용하는 간결한 말이 분명 있을 것입니다. 그 말이 대체 무엇인지가 핵심입니다."

"간다 씨가 이야기하고 있는 것은 잘 알겠습니다. 그런데 그것만으로 괜찮을까요? 구도 씨는 괜찮을지 몰라도 구도 씨 이외의 사람들은 어떻게 하면 좋을까요?"

"좋은 질문입니다. 최우수 소개 고객인 구도 씨의 방법을 알았다면, 이번에는 다른 고객이 같은 방법으로 입소문을 퍼뜨릴 수 있도록 가르쳐주지 않으면 안 됩니다. 고객에게 아무리 '소개해주세요'라고 부탁한들, 보통은 소개할 수 없으니까요. 이것은 영업 직원에게 '뭐라도 좋으니 팔고 와!'라고 지시하는 것과 같습니다. 부탁하는 내용이 너무 어려운 것입니다. 그러므로 고객에게 소개해달라고 부탁하기 위해서는 최우수 소개 고객이 어떻게 하는지를 구체적으로 가르쳐주어야 합니다. 초등학생도 할 수 있을 정도로 간단한 방법을 알려줘야 합니다."

"그렇다면 '이런 상황에서 이런 말로 친구에게 소개시켜주세요'라는 소개 모델을 준비하라는 것입니까? 뭔가 연극 대본을 건네주는 것과 같은 이야기네요."

"오, 그것참 재미있는 발상이네요. 뭐 연극이라기보다는 촌극이라고 할 수 있겠네요. 정말로 간단한 대본을 건네는 것만으로도 소개를 좋아하는 사람은 쉽게 협조할 수 있을 것입니다."

여기서 대본은 결코 어려운 것이 아니다. 고객에게 다음과 같이 부탁하는 것뿐이다.

① **여러분의 건강을 위해서 외식할 때는 꼭 '산호의 힘'을 물에 넣어주세요.**

② 친구가 "그게 뭐야"라고 묻는다면, "수돗물에서 염소를 제거해서 맛있는 미네랄워터로 만들어주는 거야"라고 가르쳐주세요.

이 정도의 이야기다. 이야기를 꺼낼 계기를 잡는 것, 이 간단한 작업을 구체적으로 묘사해준다. 그러면 고객은 소개하는 장면을 머릿속으로 이미지화할 수 있다. 머릿속으로 그려본 행동은 실행이 쉬워진다.

주식회사 소라의 두 사람은 또다시 이해할 수 없다는 표정을 지었다.

"그런데 여전히 이해가 가지 않는 것이 있습니다."

"어떤 부분이 걸리시나요?"

"이것으로 입소문이 퍼진다는 것은 알겠는데, 이렇게 해서 매출이 올라갈지…."

"좋은 지적입니다. 화젯거리로 삼는다는 것까지는 이해하셨지요? 그럼 다음은 이 화제를 매출로 연결할 수 있는 도구를 준비하면 됩니다."

"그 도구라는 것은 무엇입니까?"

감기에 전염되려면 바이러스를 가진 누군가가 주변에 있어야 한다. 이와 마찬가지로 입소문을 매출로 연결시키기 위해서는 바이러스를 가지고 오게 할 필요가 있다. 즉, 화제가 되었다면, 그 화제가 기억에 새겨질 수 있도록 도구를 준비하는 것이다. 예를 들어, 휴대 가능한 샘플이나 지갑에 넣을 수 있는 카드, 안내서 등이다. 그리고 필요할 때 친구가 바로 여러분의 회사에 전화할 수 있도록 해 두는 것이다.

여기에서 여러분이 입소문을 퍼뜨리기 위해서 대답해야 할 여섯 번째 중요한 질문은 다음과 같다.

> **key**
> 화제가 된 상품을 매출로 연결시키기 위해서는 어떤 도구를 만들면 좋을까?

이 회사의 경우, '산호의 힘'과 그 설명서, 그리고 주문서가 들어간 소개 세트를 만들었다. 이것을 친구에게 전달하도록 한다. 샘플을 배포하지 않는 회사의 경우, 친구 우대 쿠폰을 건네는 것도 좋다.

그런데 이 도구는 왜 중요할까? 영업 직원에게 카탈로그 없이 물건을 팔게 한다고 상상해보자. 아무런 영업 도구도 없이 영업을 하는 것은 굉장히 어려운 일이다. 마찬가지로, 소개 고객도 빈손으로는 친구에게 이야기를 꺼낼 수 없다. 영업 직원에게 영업하기 쉽도록 영업 도구를 건네는 것처럼 소개 고객에게도 주변에 소개하기 쉽도록 도구를 건네주자.

즉, 앞에서 이야기한 150명의 소개 고객에게 소개 세트를 빠짐없이 건네보자.

지금까지 설명한 입소문 전염 프로세스를 간단하게 정리하면 다음과 같다.

- 입소문을 퍼뜨리기 위해서는 전염력이 강한 사람이 필요하다. 그것은 한 사람, 한 사람의 고객이 소수에게 소개하는 패턴이 아니라, 일부의 강력한 소개 고객이 많은 사람들에게 정보를 발신하는 패턴이다.

- 150명 정도를 목표로 입소문 활동의 핵심이라고 할 수 있는 소개 고객을 선출한다. 이 선출 기준은 ① 과거에 소개해준 사람, ② 소개받고 고객이 된 사람, ③ 오피니언리더, 즉 정보 발신자들이다.

- 입소문 전염 프로세스를 구축하기 위해서 중요한 것은 입소

> 문이 발생하는 그 순간을 자세하게 묘사하는 것이다. 그 결과, 대체 누가 어떤 상품을 어디서 어떤 계기로, 어떻게 말하는지를 알 수 있다.
>
> - 생각지도 못하게 감기에 한순간에 걸리는 것처럼, 입소문 역시 한순간이다. 그 한순간을 가능한 한 많이 재현함으로써 여러분의 회사에서도 입소문 전염 프로세스를 구축할 수 있다.

"왜 지금까지 하지 않았을까?"라고 생각할 정도로 쉬운 방법이라고 생각한다. 따로 컨설턴트를 고용할 필요도 없을뿐더러, MBA 학위가 필요한 이야기도 아니다. 아르바이트 직원도 할 수 있는 일이다.

그런데 왜 지금까지 하지 않았는가 하면, '입소문이 퍼지는 그 한순간을 묘사한다'라는 발상이 없었기 때문이다. 묘사하기 위한 구체적인 질문 방법을 몰랐기 때문이다. 그리고 그 한순간을 재현할 중요성을 깨닫지 못했기 때문이다.

열쇠가 되는 질문 1
입소문을 퍼뜨리기 위해서는 어떤 사람에게 방울을 달아야 할까?

열쇠가 되는 질문 2
소개받은 고객은 먼저 어떤 상품을 구입할까?

열쇠가 되는 질문 3
고객은 어떤 장소에서 우리 상품을 화제로 삼을까?

열쇠가 되는 질문 4
최우수 소개 고객은 어떤 계기로 그 화제를 꺼내는 것일까?

열쇠가 되는 질문 5
최우수 소개 고객은 어떤 말을 사용해서 설명할까?

열쇠가 되는 질문 6
화제가 된 상품을 매출로 연결시키기 위해서는 어떤 도구를 만들면 좋을까?

연습

- 여러분의 회사에서는 어떤 식으로
  활용할 수 있을까?

처음에는 이미지화하기 어려웠을 것이다. 하지만 이제는 입소문의 열쇠가 되는 6가지 질문의 의도를 이해했을 것이라고 생각한다.

6가지 질문의 목적은 실제로 입소문이 퍼지는 순간을 얼마나 깊이 이해하는가 하는 데 있다. 이 이해가 깊으면 깊을수록 입소문이 퍼지는 순간을 재현할 수 있는 가능성이 커진다.

그러면, 그것을 여러분의 회사에서도 활용할 수 있도록 하기 위해 연습해보도록 하자.

먼저, 하얀 종이를 한 장 준비하자. 그리고 6가지 질문에 대한 여러분의 회사에 해당하는 답을 생각해보자. 예를 들어, 여러분의 회사가 주택을 분양하고 있다고 상정해보자. 첫 번째 질문부터 순서대로 종이에 답을 적어보자.

열쇠가 되는 질문 1

입소문을 퍼뜨리기 위해서는 어떤 사람에게 방울을 달아야 할까?

이 질문을 바꾸어 말하면, '다른 가망 고객을 데려올 영향력 있는 사람은 누구인가?' 하는 것이다. 최종적으로는 150명 정도를 핵심으로 소개 활동을 넓혀가겠지만, 이 단계에서 150명의 명단을 만들 필요는 없다. 150명을 선정하는 것은 열쇠가 되는 6가지 질문에 모두 답을 한 후에 해도 된다.

우선은 최우수 소개 고객이 누가 있는지 떠올려보자. 최우수 소개 고객이 잘 생각나지 않는다면, 최근에 소개해준 고객이 누구였는지 생각해보자. 그 사람의 구체적인 이름을 종이에 적어보자. 우선 순위로 할 것은 과거에 소개해준 사람, 그리고 소개받아서 구입해준 사람이다. 나아가 연예인이나 그 지역에서 유명한 사람이 여러분의 회사가 지은 주택에서 살고 있을 경우에는 명단에 추가한다.

열쇠가 되는 질문 2

소개받은 고객은 먼저 어떤 상품을 구입할까?
이 질문에 대해서는 주택 판매 회사의 경우, 상품 수가 많지 않으므로 명확한 대답을 찾기 힘들지도 모른다. 굳이 질문에 답하려고 한다면, 소개받은 고객이 구입하기 쉬운 예산대의 상품으로 특정화할 수 있다. 물론 이 질문에 대한 답을 알 수 없다면 모르는 대로 비워두어도 상관없다. 다음 단계로 넘어가자.

열쇠가 되는 질문 3

고객은 어떤 장소에서 우리 상품을 화제로 삼을까?
여러분은 '여러 가지 경우가 있어서 잘 모르겠는데…'라고 생각할지도 모른다. 이 경우에는 소거법으로 생각해보자. 우선 절대로 일어날 수 없는 상황은 어떤 것일까?
소개자가 마치 영업 직원처럼 동창회의 명부를 보고 하나하나 전화를 걸어서 일부러 주택을 화제로 삼아서 이야기할 것이라고는 생각할 수 없다. 또한, 회사 게시판에 "저는 집을 샀습니다"라고 발표하는 일도 있을 수 없다.

이처럼 소거법으로 절대로 일어날 수 없는 상황을 하나하나 없애다 보면 반대로 화제로 삼을 수 있는 상황이 보이게 될 것이다. 예를 들어, 회사 동료와 술 한잔 마시러 갔을 때나 친척이 모였을 때, 동네 주부들이 모여 이야기꽃이 피었을 때, 집들이할 때 등의 몇 가지 상황이 떠오를 것이다. 그중, 가장 말이 되는, 가능성이 큰 상황은 어떤 것일까? 우선순위를 정해보자.

열쇠가 되는 질문 4

최우수 소개 고객은 어떤 계기로 그 화제를 꺼내는 것일까?

'열쇠가 되는 질문 3'에서 여러분의 회사에서는 '회사의 동료와 술 한잔 마시러 갔을 때'의 상황을 우선순위로 정했다고 해보자. 그때, 무엇을 계기로 그 화제를 꺼낼까? 새로 집을 산 당사자는 자랑하고 싶어서 참을 수 없었을 테니 "저, 집을 샀습니다"라고 스스로 말했을지도 모른다. 또는 주택 계획을 우연히 가지고 있어서 그것을 친구에게 이야기했을지도 모른다.

집들이를 할 경우는 어떤가? 이 경우는 처음부터 주택이 이야기의 테마가 된다. 그리고 당연히 "어떤 회사에서 지었어?"라는 화제가 나오게 될 것이다.

이처럼 화제가 되기 쉬운 계기를 최대한 많이 상상해보자.

열쇠가 되는 질문 5

최우수 소개 고객은 어떤 말을 사용해서 설명할까?

이 질문이 어렵다고 생각될지도 모른다. 이때 가장 좋은 것은 "○○씨는 저희 회사에 대해서 어떻게 이야기하던가요?"라고 하는 마법의 질문을 하는 것이다.

고객의 대답을 들어보면 소개자의 말이 회사 측에서 생각했던 것과 다른 경우가 많다. 예를 들어, 회사 측에서는 소개자가 '구조가 튼튼하고 단열도 우수하다'라고 설명한 것이 아닐까 생각하지만, 실제로는 주택의 구조나 품질과는 전혀 상관없는 설명을 하는 경우가 많다. 예를 들어, "이곳저곳 여러 주택을 검토해봤지만, 여기는 설계가 꼼꼼하게 잘되어 있고, 내 무리한 요구도 잘 들어주었으니까"라는 식이다.

입소문이 퍼지는 한순간을 파악하기 위한 밀도 높은 정보를 얻을 수 있을 뿐만 아니라, 왜 고객이 여러분의 회사를 선택하게 되었는지, 자사의 강점과 약점은 무엇인지 알 수 있게 된다.

열쇠가 되는 질문 6

화제가 된 상품을 매출로 연결하기 위해서는 어떤 도구를 만들면 좋을까?

이 질문을 바꾸어 말하면, 화제가 되었을 때, 소개자가 어떤 도구를 준비해야 친구의 기억에 오래 남고 필요한 때에 연락하기 쉬운가 하는 것이다.

예를 들어, 질문 4에서는 회사 동료와 한잔하러 갔을 때, 소개자가 주택의 설계도를 살짝 꺼내 보이는 행동을 할 것이라 생각해볼 수 있다. 그러면 주택 설계도를 엽서 크기로 축소해서 친구에게 건넬 수 있도록 하면 좋다. 그리고 그 엽서에는 넌지시 회사의 홈페이지 주소나 전화번호를 기재해두는 것이다.

집들이를 한다고 하면, 어떤 도구를 생각해볼 수 있을까? 손님에게 인상이 강하게 남을 수 있을 만한 인쇄물을 준비해둔다고 하면, 집이 완성될 때까지의 '나의 집 탄생 이야기' 같은 앨범을 만들어서 선물과 함께 건네보는 것도 생각해볼 수 있다.

주택 회사 측에서 이사 안내 엽서를 인쇄해서 무료로 보내주는 것은 어떨까. 엽서에는 새로 지은 집을 배경으로 가족이 활짝 웃고 있는 사진을 인쇄한다. 그리고 자연스럽게 홈페이지 주소와 전화번호를 넣는다. 이것이 입소문을 전염시키기 위한 바이러스가 퍼지는 순간이다.

이처럼 열쇠가 되는 6가지 질문에 대답해나가면, 여러 가지 힌트를 얻을 수 있다. 또한, 입소문이 전염되는 시스템을 구축하기 위한 가설을 세울 수 있을 것이다.

모든 질문에 명확하게 대답할 필요는 없다. 질문에 답하면서 '음, 잘 모르겠다', '우리 업계에서는 통하지 않을 것 같은데?'라고 생각되는 부분도 있을 것이다. 대답하기 어려운 부분은 그냥 모르는 채로 비워두고 다음 질문으로 넘어가자.

질문 1~3에서 명확한 대답이 나오지 않아도 질문 4의 대답을 생각해낸 순간, 퍼즐이 맞춰지면서 모든 질문에 대한 아이디어가 떠오르는 경우도 있다. 그런 사고의 상승 효과를 노리고 있으므로 모르는 부분은 넘기고 자신이 할 수 있는 질문부터 대답해나가자. 그리고 모르는 부분은 다시 되돌아가서 생각해보자.

제5장 |

입소문 전염과 동시에
매출을 올리는
5단계 프로그램

사장과 직원의 반성회 3

"사장님, 어떻게 생각하시나요? 생각해보면 당연한 것이지요?"

"그러게. 하긴 소개하는 사람은 정해져 있지. 우리 회사라면 다카하시 씨가 언제나 고객을 소개해주지 않나?"

"지금까지는 소개해주는 고객 수를 늘리려고만 했었는데, 그것보다는 소개해주는 사람이 소개해주기 쉬운 구조를 만드는 편이 효율이 좋은 방법이었군요."

"소개해주는 사람의 대표가 우리는 다카하시 씨였군. 다카하시 씨가 어떻게 소개하고 있는지 그 방법을 다른 고객에게도 가르쳐줄 걸 그랬어."

"네, 최우수 소개 고객이 소개 활동을 하는 순간을 구체적으로 묘사해보면 좋겠어요. 그 순간을 자세히 알면 알수록 재현하기 쉬워질 테니까요."

"하지만 그 순간을 어떻게 알아낼 수 있나?"

"그렇게 어려운 것이 아니라고 생각해요. 우선은 어떤 식으로 소개해나갈까 하는 것을 상상해볼게요. 그것을 가설로 해서 그 후, 검증해보겠습니다."

"검증은 어떻게 하지?"

"실제로 소개받은 분에게 직접 물어보겠습니다. '다카하시 씨는 우리 회사에 대해서 어떻게 이야기했나요?'라고요."

"그렇군. 그렇게 질문하면 간단한 일이군. 그런데 이런 쉬운 질문을 하지 못해서 지금까지 입소문을 퍼뜨리지 못했단 말인가!"

"입소문이 일어나기는 했지만, 뭐가 뭔지 모르는 채로 일어나서 거기서 끝이 났습니다. 앞으로는 좀 더 적극적으로 방법을 생각하고 행동해야겠습니다."

"전단지의 반응이 좋지 않으니, 고객이 고객을 데리고 온다는 입소문의 잠재력을 최대한으로 활용하지 않으면 안 되겠군…"

"자, 그런데 사장님 한 가지 부탁이…."

"무엇인가?"

"입소문은 사외에서만 일어나는 것이 아니라 사내에서 시작된다고 이 책에 쓰여 있었잖아요?"

"응, 하지만 사내에서 어떻게 입소문을 일으킬 수 있을까?"

"그래서 우리 회사를 직원들 사이에서나 고객들 사이에서 화제가 될 수 있도록 바꾸고 싶습니다."

"우리 회사를 화젯거리가 될 수 있도록 바꾼다고? 아니, 이보게, 회사를 바꾼다는 것은 그렇게 쉬운 일이 아니네."

"네, 맞습니다. 그런데 사실 매출을 올리면서 입소문을 전염시킬 수 있는 프로그램이 이 책에 써 있습니다."

"그렇게 쉽게 될 리가 없지 않은가?"

"물론 그렇게 생각하시는 게 당연합니다. 하지만 일이 재미있어질 것 같습니다. 지금까지 매출을 향상하는 방법이라는 것은 고객의 구매 패턴을 분석하거나 연간 판촉 스케줄을 짜거나 하는 식으로 왠지 좀 어렵게 느껴졌거든요? 하지만 이 방법은 즐기면서 할 수 있을 것 같습니다. 속는 셈 치고 한번 해볼 가치는 있다고 생각합니다."

"시간이 걸려서 귀찮아지지는 않을까?"

"저 역시 귀찮은 일은 하고 싶지 않아요. 하지만 지금까지 해오던 방법을 조금 비트는 정도의 방법이라면, 하지 않으면 손해라고 생각하지 않으세요, 사장님?"

여러분이 바쁘리라는 것은 알고 있다. '이것은 굉장히 멋지군'이라고 생각되는 방법도 시간이 오래 걸린다면 실천하기 어렵다. 효과가 확실하지 않은 방법을 계속할 수도 없다. 게다가 끈기와 인내심이 필요한 것이라면 누구라도 하지 않을 것이다.

지금부터는 바쁜 회사들이 제한된 시간 안에서 실천하면서 매출도 높일 수 있는 입소문 전염 프로그램을 단계별로 소개하려고 한다.

다음의 5가지 단계를 우선순위를 정해두고 소개하려고 한다. 먼저 밟아야 할 하는 단계와 다음 단계는 서로 연결될 수 있도록 설계했다.

특히 첫 번째 단계는 즉시 실행할 수 있고 즐거운 방법이므로 반드시 실행해보길 바란다.

1단계 - 고객의 목소리를 모은다

여러분의 회사에서 우선 집중적으로 해주었으면 하는 것은 '고객의 목소리'를 모으는 것이다. 고객의 목소리가 입소문을 일으키는 데 굉장히 중요하다는 것은 앞에서 이야기한 바 있다. 고객의 기뻐하는 목소리가 직원에게 닿는다. 그러면 직원은 감격한다. 그리고 "고객이 이런 편지를 보냈어요"라고 동료들에게 이야기하게 된다. 여러분의 회사에서는 직원이 고객의 이야기로 들뜬 일이 있는가? 그런 일이 없었다면, 고객이 여러분의 회사를 화제로 삼는 일은 거의 없다고 생각해도 틀리지 않을 것이다.

고객이 무관심하다는 것은 회사로서는 굉장히 치명적이다. 나는 고객 무관심 증후군이라고 부른다. 여러분의 회사가 이것에 대해서 걸리는 부분이 있다면, '고객의 목소리'를 모으는 것이 그 증상을 개선할 특효약이 될 것이다.

'고객의 목소리를 수집하는 것이라면 간단하지! 거기다 즐거울 거 같아'라고 생각하면서 시작했다고 하자. 그런데 여기에는 함정이 기다리고 있다. 이런 간단한 것이라도 도중에 그만두는 사람이 많다. 왜냐하면, 생각보다 고객의 목소리가 모이지 않기 때문이다. 그러다가 '이런 방법으로는 잘될 리 없어'라고 포기해버리게 된다.

"어느 정도로 모이지 않나요?"라고 물으면 "20명에 1명 정도밖에 모이지 않아요"라고 답하면서 한숨을 쉰다. 그리고 자신이 고객에게 부정당했다고 생각하기도 한다. 상심하게 되는 것도 이해한다. 하지만 여기서 잠깐 생각해보자. 여러분이 '고객의 목소리'를 적어달라는 부탁을 받았다고 해보자. 여러분은 굳이 자신의 귀중한 시간을 사용해서 볼펜을 잡고 그 부탁을 들어주겠는가? 그 회사에 굉장히 만족하고 있다고 해도 보통은 잘 쓰지 않을 것이다. '나는 아마 안 할 것 같아'라고 생각한다면, 여러분 역시 고객에게 과도한 기대를 해서는 안 된다.

사실 20명 중 1명꼴이라고 해도 실망할 필요는 없다. 조금 다른 방식으로 생각해보자. 예를 들어, "20명 중 1명의 확률로 '고객의 목소리'가 들어왔군. 그럼 600명에게 의뢰하면 되겠네. 우리 회사의 단골 고객은 1,000명 정도니까 1개월 동안 30명 정도는 모을 수 있겠어!"

일어난 현상은 같지만, 해석 방법에 따라 180도 달라진다.

이 중 성공하는 사람은 후자일 것이다. 모든 일이 그렇지만, 새로운 것을 시도하는 경우, 처음이 가장 힘들다. '고객의 목소리'를 모으는 경우 역시 처음이 가장 모으기 힘들다. 하지만 일단 모이기 시작하면, '자전거 바구니의 법칙'처럼 모이는 비율도 점점 높아진다.

1개월에 30명의 목소리가 모이면 그다음 달에는 그것 이상의 목소리가 모인다. 그렇게 모이다가 어느새 작업 자체가 루틴 워크(Routine Work)가 되어 그다지 노력을 기울이지 않고도 '고객의 목소리'가 대량으로 들어오게 된다. 1년 후가 되면 고객의 목소리를 모으는 것을 지속한 회사와 포기한 회사의 차이는 명백해질 것이다.

한쪽은 수백 건의 '고객의 목소리'가 모였을 것이다. '고객의 목소리'를 게재하면 그것만으로도 다이렉트 메일이나 전단지의 반응이 좋아진다. 그러므로 매출도 올라갈 것이다.

다른 한쪽은 작년 상황에서 전혀 달라진 점이 없을 것이다. 경기가 회복되는 날만을 기다리고 있을 뿐이다.

이처럼 성공하는 사람과 실패하는 사람 사이에는 종이 한 장 차이만 있을 뿐이다. 고통을 참아낸 사람은 성공한다. 그것을 참지 못하는 사람은 실패한다. 그 고통이라고 해서 1년이고 2년이고 계속되는 것은 아니다. 1~2개월에 불과하다. 즉, 이 짧은 시간에 집중할 수 있느냐 없느냐로 큰 차이가 벌어지는 것이다.

'고객의 목소리'를 모으기 시작한 사람들의 공통적인 불안은 한 가지 더 있다. 바로 '고객의 목소리'를 받아보았지만, 딱히 감동한 고객이 있는 것 같지는 않다는 것이다. 그렇다. 처음에는 그다지 무관심한 듯한 글이 많을 것이다.

하지만 고객의 목소리는 포켓몬스터처럼 진화한다. 예를 들어, 기타큐슈의 모지에 있는 지지야의 경우가 그렇다. 지지야에서 처음 고객의 목소리를 받았을 때는 진심이 담겨 있지 않은 딱딱한 답들이 대부분이었다. 왜냐하면 고객은 '성실하게 감상을 남겨야겠지?'라고 생각하기 때문이다. 하지만 '고객의 목소리'를 이어나가는 사이, 스티커 사진을 붙이거나 아이가 그린 일러스트를 붙여서 보내는 사례가 늘었다고 한다. 고객은 차츰 '이렇게 해도 되지 않을까' 생각하며 마음을 허용하게 된다. 그러자 그것을 본 다른 고객은 질 수 없다는 생각에 더 열정적으로 작성해서 보내게 된다.

이렇듯 고객의 열정이 다른 고객으로 꼬리에 꼬리를 물고 이어지게 된다. 이 단계에 이르기까지는 약 1~2개월 정도다. 길어봤자 반년 정도다. 이 짧은 시간을 견딘다면 여러분의 회사에 대해 열정적으로 이야기해줄 팬이 생기게 될 것이다.

사내에서 입소문을 전염시키기 위한 연출

'고객의 목소리'를 모으기 시작했다면 다음 단계로 가보자.

우선 문구점에서 코르크 보드를 두 개 정도 산다. 이것은 몇천 원 정도면 살 수 있다. 이 보드를 고객과 직원의 눈에 닿는 곳에 하나씩 걸어둔다. 그리고 여기에 고객의 목소리를 하나하나씩 붙여두는 것이다. 이것을 수개월 지속하면 꽤 많은 양의 고객의 목소리가 모일 것이다. '주식회사 야마모토(와가야마현 타나베시)' 회사 로비의 벽면은 온통 '고객의 목소리'로 채워져 있다고 한다. '주식회사 프로엑티브(도쿄도 무사시노시)'의 화장실 역시 마찬가지다. 이런 곳에도 고객이 감격한 목소리가 가득하다.

이런 회사 분위기라면, 여러분도 무언가 이야기하고 싶어지지 않을까? 총명한 여러분이라면, 이미 눈치챘을 것이다. 이 정도의 목소리가 모였다는 것은 고객이 여러분의 회사를 주목하기 시작했다는 뜻이다. 그리고 그저 쓰기만 하는 것이 아니라, 여러분의 회사를 이야기의 화젯거리로 삼을 것이다.

왜냐하면 글을 쓰는 작업은 말하고 싶은 것을 더욱 명확하게 하기 때문이다. 글로 쓴 내용은 기억에 오래 남기 마련이다. 즉, '고객의 목소리'를 쓰는 작업은 앞으로 입소문을 퍼뜨릴 수 있게 되는 가장 좋은 자기 훈련법이라는 것이다.

이렇게 '고객의 목소리'가 모이기 시작하면, 회사 내부에서는 어떤 효과가 생기는 것일까? 이 부분이 흥미로운 부분이다. 똑같이 '고객의 목소리'를 붙여도 그 효과는 회사마다 크게 차이가 난다. "이렇게 멋진 '고객의 목소리'가 들어왔습니다. 너무 기쁘네요!"라고 직원이 눈물을 흘리는 회사가 있다면, 마치 청구서를 바라보는 것처럼 담담하게 처리하는 회사도 있을 것이다.

입소문이 퍼지기 쉬운 회사는 당연히 전자다.

대체, 왜 이런 차이가 발생하는 것일까? 물론 사내의 분위기라는 것도 있지만, 사실 직원이 그것에 대해 이야기를 시작하는 회사는 무의식적이기는 하나 사실 교묘하게 연출하고 있는 경우가 많다.

눈물을 흘리는 회사는 처음 '고객의 목소리'가 들어왔을 때 연기를 하듯이 크게 기뻐한다. 사장이 "이야, 드디어 들어왔군! 역시 기쁘군. 이 일을 하길 잘했어"라고 기쁨의 목소리를 낸다. 만약 여러분의 회사에서도 직원들이 잘 따라주지 않을 것 같다면, 처음에는 의식해서 간단한 연출을 하면 된다. 예를 들어, 특정 직원을 칭찬하는 '고객의 목소리'가 들어왔다고 하자. 그 경우에는 칭찬받은 직원의 이름에 밑줄을 그어둔다. 그리고 벽에 붙일 때, "○○씨가 고객으로부터 감사의 글을 받았습니다! 대단해요! 모두 박수! 짝짝짝"이라고 활짝 웃으면서 발표한다.

여기서 박수의 유무는 굉장한 차이를 낳는다. 이 박수 소리가 '기쁘다', '즐겁다'라고 하는 감정의 방아쇠를 당기게 된다.

"멋지다!"라고 말하면서 짝짝짝 하고 손뼉을 친다. 이것은 웃으면서 슬픈 감정을 가질 수 없는 것과 마찬가지로, 시무룩한 표정으로는 할 수 없는 동작이다. 자연스럽게 미소 짓는 얼굴이 되고 목소리에는 힘이 들어간다. 모두 웃는 얼굴로 손뼉을 치며 "멋지다"라고 큰 목소리로 말해보길 바란다. 그러면 한순간에, 그 장소의 분위기가 바뀔 것이다. 마법의 주문이다.

이런 작은 장치만으로 직원들의 이야기에 물꼬가 터진다. '고객의 목소리'를 모으기 시작할 때는 이런 작은 연출을 해주는 것이 좋다. '즐거운 일을 하고 있는 거야'라는 이미지를 직원들에게 주는 것이다. 이 타이밍을 놓친 후에 갑자기 '멋지다'라고 말한들 누구도 들어주지 않을 것이기에 주의하자.

그런데 '고객의 목소리' 안에는 칭찬의 의견뿐만 아니라 클레임 역시 있을 것이다. 클레임에는 어떻게 대응하면 좋을까? 칭찬의 의견을 붙이는 벽을 '기쁨의 벽'이라고 한다면, 클레임을 붙이는 벽은 '슬픔의 벽'이 될 것이다. 슬픔의 벽은 고객이 볼 수 있는 곳에 있으면 안 된다. 왜냐하면, 클레임을 본 고객이 '혹시 나도 피해를 본 것은 아닐까…' 하고 생각하게 되기 때문이다. 그 결과, 다시 클레임이 발생한다. 자전거 바구니의 법칙이 작용하면서 클레임이 늘어간다. 2000년에 어떤 회사에서 음식에 이상한 물질이 들어갔다며 매스컴에서 크게 다루어지자, 일본 전국에서 이와 같은 클레임이 급증한 바 있다.

슬픔의 벽에 붙여진 클레임 중, 해결된 것은 코멘트를 달아서 기쁨의 벽으로 옮긴다. 기쁨의 벽뿐이라면, 신뢰성이 결여되기 때문이지만, 이처럼 해결된 크레임을 공표함으로써 성실한 회사라는 인상을 고객에게 안겨줄 수 있다.

이처럼 '고객의 목소리'를 활용하는 것은 어렵지 않다. 누구에게나 가능한 일이다. 이것의 질과 양을 보면서 지금까지 측정할 수 없었던 입소문의 침투력을 계산하는 것도 가능해진다. 게다가 직원들의 사기도 올라가고, 전단지나 DM에 게재하면 반응률은 더욱 올라갈 것이다. 이처럼 '고객의 목소리'는 일거양득, 아니 그 훨씬 이상으로 활용할 수 있는 만능 치트키다. 지금 바로 시작할 수 있고, 돈도 들지 않는다.

새로운 변화를 추구해서 우선 '첫걸음'을 내딛어보는 게 중요하다.

2단계 – 뉴스레터를 발행한다

'고객의 목소리'를 벽에 붙임으로써 사내에서 입소문이 발생하긴 하지만, 이 입소문의 전염력은 벽이라는 물리적인 장소에 제한되어 불이 붙지 않는다. 그때, '고객의 목소리'를 사내뿐만 아니라 사외에 전파시키는 도구가 필요하다. 이 도구가 바로 뉴스레터다.

뉴스레터를 정기적으로 고객에게 발송하거나 쇼핑바구니에 넣는다. 그러면 사내에서 사외로 정보 이동이 시작된다. 이것은 화제를 일으키기 위한 가장 빠른 수단이다. 물론 화제가 되는 것에 그치지 않는다.

뉴스레터를 발행하는 회사들은 다음과 같은 변화가 생겼다고 이야기한다.

"계속 구매해주지 않았던 고객분들이 오랜만에 돌아와주었다!"
"주문량이 늘었다!"
"영업하는 것이 즐거워졌다!"
"소개가 늘었다!"
"'고객의 목소리'가 많이 들어오게 되었다!"

이처럼 솔직히 라이벌 회사에는 가르쳐주고 싶지 않은 많은 효과가 있다.

'우와, 빨리 뉴스레터를 발행하지 않으면 안 되겠네! 큰일이야'라고 생각하고 있지는 않은가? 물론 '귀찮을 것 같다'라고 생각하게 되는 마음도 잘 알고 있다. 그런데 이 뉴스레터 발행에는 몇 가지 포인트가 있다. 이 포인트만 알면 뉴스레터 발행은 그다지 어려운 일이 아니다.

고객이 화젯거리로 삼을 수 있을 만한 뉴스레터는 어떻게 만들어야 할까? 그리고 어떻게 하면 단기간에 쉽게 만들 수 있을까? 이 질문에 대해 3가지 핵심 포인트로 정리하겠다.

첫 번째 포인트는 컬러로 깨끗하게 인쇄하지 않는 것이다. 뉴스레터라는 것은 문자 그대로 뉴스를 전하는 편지다. 편지이기에 컬러로 깨끗하게 인쇄할 필요는 없다. 그런데 많은 회사들이 대기업의 홍보지와 똑같이 예쁘게 인쇄하는 우를 범한다. 사실 이것은 실패로 진입하는 첫발이다.

예쁜 잡지풍의 기업 홍보지는 읽기 싫어지는 경우가 많다(**특히 표지에 대머리 아저씨가 인사하는 사진이 실린 경우는 바로 버려질 것이다**). 대기업의 경우, 허세를 부릴 필요가 있기에 홍보지도 고급스러운 느낌을 주지 않으면 안 된다. 그리고 아무에게도 비난을 받지 않기 위해서 겸손한 문장으로 작성하고, 무난한 내용으로 채운다.

이처럼 너무 정중하게 나오면 고객들도 회사에 대해서 정중하게 대하게 된다. 하지만 그만큼 회사에 대해서 거리감도 느껴질 것이다. 감정적인 친근감을 느낄 수 없게 된다.

뉴스레터를 발행하는 목적이 사장의 자기만족이라면 예쁘고 정중하고 성실한 뉴스레터를 만들면 된다. 하지만 '고객이 입소문을 퍼뜨려주었으면…' 하는 마음에서 만드는 것이라면, 그리고 고객과의 결속력을 높이고 다른 회사에 뺏기지 않기 위해서라면 정중한 것보다는 친근함을 불러일으키게 만드는 것이 좋다.

이를 위해서라면 컬러일 필요는 없다. 인쇄할 필요도 없다. 페이지 수가 많을 필요도 없다. 초등학교 저학년 때 만들어본 문집 같은 느낌이면 충분하다.

두 번째 포인트는 개인적인 정보를 싣는 것이다. 구체적으로는 담당자가 결혼을 했다, 아이가 태어났다, 여행을 갔다 왔다, 이런 큰 실패를 하게 되었다 등등 개인적인 근황을 알리는 것이다. 왜 개인적인 정보를 뉴스레터에 담는 것일까? 그것은 개인적인 정보를 많이 담으면 담을수록 상대도 친밀감을 느끼게 되기 때문이다. 전혀 모르는 사이임에도 그 사람의 신변 이야기를 듣게 되면, 왠지 예전부터 알고 지낸 것 같은 착각에 빠지게 된다.

나는 얼마 전, 신칸센 안에서 가수인 하마사키 아유미를 보게 되었다. 물론 그녀는 나에 대해서 모른다. 하지만 나는 잡지 인터뷰 등을 통해서 그녀의 데뷔부터 지금까지를 단편적으로나마 알고 있기에 왠지 지인인 것 같은 느낌이 들었다. 이처럼 상대의 정보를 알게 되면, 자연스럽게 친근감이 생긴다.

물론 하마사키 아유미가 아닌, 나의 사생활을 누가 알고 싶어 하겠냐는 의문을 가질 수 있을 것이다. 그 말도 맞다. 아무도 적극적으로 여러분을 알고 싶다고 생각하지는 않을 것이다. 하지만 '아, 그 사람의 아이가 태어났구나'라든가, '그 사람은 나와 같은 실패를 한 적이 있구나'라는 생각이 들면, 고객은 여러분에게 친밀감을 느끼게 된다.

그 결과, 고객은 가격 이외의 이유로도 구매 결정을 하게 되고, 다른 회사로 고객을 뺏기는 일도 막을 수 있게 된다. 경쟁사의 단조로운 영업 직원과 비교하면 굉장히 유리해질 것이다.

세 번째 포인트는 고객 커뮤니티를 만드는 것이다. 바꾸어 말하면, '이 회사에는 내가 있을 장소가 있어'라고 생각하게 만드는 것이다. 예를 들어, 앞서 소개한 '격투기 애호가들을 위한 이발소'에는 커뮤니티가 있다. 커뮤니티에 소속되면 마음이 편안해지기 때문에 다른 회사에서 고객을 빼가려고 해도 간단하게 넘어가지 않는다.

구체적으로 커뮤니티는 어떻게 생기는 것일까? 막연하게 느껴지지만 절대 어렵지 않다. 고객의 정보를 뉴스레터를 통해서 발신하는 것만으로 충분하다, 우선 '고객의 목소리'를 뉴스레터에 실어보자.

여기에서 다시 한번 1단계에서 모은 '고객의 목소리'가 그대로 사용된다. 사실 '고객의 목소리'는 한번 만들어놓으면 2번 아니라, 3번씩이나 써먹을 수 있다. 최대 장점은 뉴스레터를 쓰는 일을 고객이 대신해준다는 것이다. 뉴스레터의 지면을 자신의 글로 전부 채우려고 하면 시간이 걸린다. 하지만 '고객의 목소리'를 소개하는 것뿐이라면 잘라서 붙이기만 하면 되니 시간이 그렇게 많이 걸리지 않는다.

'고객의 목소리'를 소개하면서 뉴스레터에 다음과 같은 것도 추가하면 좋다.

- 고객의 생일을 축하해준다
- 새로운 고객을 환영해준다
- 새로운 고객을 소개해준 고객에게 감사를 전한다

'고객이 있음으로써 존재하는 우리 회사'라는 것을 강조하는 것이다. 고객 제일주의를 표어로 삼는 회사는 많지만, 대부분의 경우 표어를 벽에 붙이는 것 외에는 아무것도 하지 않는다. 벽에 표어를 붙여두기보다는 뉴스레터로 고객에게 감사를 표현하자. 물론 고객을 뉴스레터에 게재해 커뮤니티가 있다는 것을 알릴 수도 있다. 동시에 새로운 고객을 소개하는 것도 당연한 일로 받아들여진다. 이렇게 되면 입소문의 안테나가 세워져 여러분 회사의 상품이 필요한 사람이 나타났을 때, 소개해주기 쉽다. 또, 소개 캠페인을 기획했을 때도 '모두가 하고 있으니까'라고 생각하게 되어 협력적인 자세를 보인다.

여러분이 '질이 좋지만 잘 팔리지 않는' 상품을 가지고 있다고 해보자. 좋은 상품이지만 팔리지 않는다는 것은 설득이 필요한 상품일 경우가 많다. 그때 이 상품을 사용해서 만족해하는 '고객의 목소리'를 뉴스레터에 실어보자. 한 번에 그치는 것이 아니라 연속으로 몇 번이고 싣는다. 그러면 정보가 많아져 신기하게도 고객이 그 상품을 원하게 된다. 이것은 처음에는 '이상한 노래네…'라고 생각해도 몇 번 듣다 보면 자신도 모르게 그 노래가 좋아져서 흥얼거리게 되는 것과 같은 이치다. 이처럼 뉴스레터를 통해서 고객을 우리 회사에 맞게 교육시킬 수 있다.

다시 한번 강조해서 이야기하겠다. 뉴스레터는 굉장히 강력한 도구다. 물론 다른 모든 새로운 시도와 마찬가지로 처음에는 '우리가 할 수 있을까?', '소재가 끊기지는 않을까?' 하는 불안한 마음도 있을 것이다. 하지만 이것은 고객에게 "뉴스레터를 매번 즐겁게 기다리고 있습니다"라는 이야기를 듣게 되면, 곧 쾌감으로 바뀔 것이다.

앞으로의 시대는 정보가 부가가치를 창출하게 될 것이다. 상품을 파는 것만으로는 매년 이익이 눈에 띄게 줄어들 것이라는 것을 여러분도 뼈저리게 느끼게 될 것이다.

'내일은 어떻게 하지' 하는 불안으로 매일 잠을 못 이루는 밤을 보낼 것인가? 아니면 여러분이 정보를 발신해서 고객들이 편안하게 느끼는 회사를 만들 것인가? 만약 여러분이 후자를 선택한다면, 뉴스레터는 그런 여러분에게 있어 최소한의 에너지로 최대의 효과를 내는 도구가 될 것이다.

3단계 – 휴대가 가능한 입소문 전염 도구를 만든다

고객의 목소리를 모아서 뉴스레터를 발행한다. 여기까지 하고 1~2개월이 지나면 일이 즐거워질 것이다. 왜냐하면 고객으로부터 칭찬의 목소리가 들려오기 시작할 것이기 때문이다. 여기까지는 여러분이 기존 고객에게 입을 열게 하기 위한 장치다. 적극적으로 정보를 발신하고 커뮤니티를 만들어서 고객과 여러분의 감정의 결속력을 높이는 것이 목적이었다.

그럼, 고객이 입소문을 퍼뜨리기 시작한 지금의 단계에서 필요한 것은 고객이 친구에게 전할 수 있는 도구다. 고객이 친구에게 말로만 전달해서는 친구는 금세 그것을 잊어버릴 것이다. 21세기의 고객은 굉장히 바쁘다. 잊어버리는 속도 역시 광속이다. 그렇기에 기억에 강하게 남을 만한 전염성이 강한 도구를 가지고 다닐 필요가 있다.

그럼 대체 어떤 도구를 준비하면 될까? 누구라도 간단하게 할 수 있는 3가지 도구를 소개한다.

먼저 첫번째 방법은 뉴스레터를 배포하게 하는 것이다. 예를 들어, 소개 캠페인을 할 때 뉴스레터를 1부 여분으로 제공해 그 여분의 뉴스레터를 친구에게 건넬 수 있도록 하는 것이다. 이미 뉴스레터가 만들어져 있기에 바로 실행할 수 있다. 뉴스레터를 친구에게 건넬 때는 어떻게 하면 좋을까?

소개 캠페인이라고 하면 보통 "친구를 소개해주세요!"라고 말하게 된다. 하지만 이것은 잘못된 방법이다. 그것보다는 "여러분 주변에서 가장 ○○로 곤란한 분이 있다면 건네주세요!"라고 하자. 이 ○○부분은 여러분의 회사가 해결할 수 있다고 생각하는 문제다. 이처럼 고객의 행동이 친구에게 도움이 된다는 것을 강조하는 것이 효과적이다.

뉴스레터를 발행하기 시작했다면, 매번 뉴스레터의 마지막 페이지에 소개를 부탁하는 글을 담는다. 이것이 간단한 두 번째 방법이다. 한번 이런 컬럼을 만들어두면 나중에는 매회 인쇄만 하면 된다. 포인트는 소개를 잘해줄 만한 고객이 스스로 소개를 의뢰받았다는 것을 항상 머릿속에 기억할 수 있게 하는 것이다.

세 번째 방법은 휴대 가능한 샘플이나 소개 카드, 명함 등을 만드는 것이다. 가지고 다닐 수 있는 크기, 즉 지갑이나 가방에 들어갈 수 있을 크기로 만들기 바란다. 보통은 의식하지 않지만, 항상 가지고 다닐 수 있기에 입소문을 전염시킬 수 있는 도구로 활용할 수 있다. 커다란 카탈로그를 건네며 소개를 부탁하는 것은 "간판을 가지고 다녀주세요"라고 하는 것과 다름없다. 이래서는 협력해줄 고객이 없을 것이다. 지갑에 들어갈 정도의 크기가 딱 적당하다.

예를 들어보자. 건강차를 판매하고 있는 알로하재팬 주식회사(오사카부 오사카시)는 소개 카드를 사용해서 입소문을 전염시키고 있다. 이 회사의 주요 상품은 타히보라고 하는 특허를 받은 건강차다. 이 차 애용자의 반 이상이 암환자다. 실제로 이 타히보는 굉장히 좋은 차로 나도 애용하고 있다. 하지만 좋은 상품이라는 것만으로는 소개하기 어렵다. 이런 종류의 상품은 아무리 좋은 효능이 있다고 해도 그것을 전하면 전할수록 조금 수상하게 들리기 때문이다.

이에 알로하재팬 주식회사는 명함 크기의 카드를 발행하게 되었다. 나는 이것을 서명식 소개 카드라고 부른다. 이 카드에는 소개자의 이름을 쓰는 란이 있는데, 소개자의 서명이 없으면 사용할 수 없다. 수표와 같은 방식이다.

소개 패턴으로 가장 일반적으로 생각할 수 있는 것은 카페에서 수다를 떨다가 건강과 관련된 이야기가 나왔을 때, 친구에게 이 카드를 건네는 방법이다. 소개자는 "이런 건강차가 있어"라고 설명하면서 친구에게 이 카드를 건넨다. 즉, 고객이 영업을 대신해주는 것이다. 이 서명식 카드의 장점은 누가 소개해주었는지 쉽게 확인할 수 있다는 것이다.

소개해준 사람에게는 즉시 감사의 표시를 하도록 하자. 감사 표시는 금전적인 가치가 있는 것보다는 마음이 들어간 조그만 선물이 적당할 것이다. 예를 들어, 자사의 상품 할인권에 손편지를 곁이면 좋을 것이다. 감사 표시와 함께 소개 고객에게는 소개 카드를 몇 장 더 주도록 하자. 왜냐하면 한 번 소개해준 사람은 두 번, 세 번 소개해줄 경향이 높기 때문이다.

이처럼 말 전하기 게임을 정확하게 하기 위해서는 건넬 수 있는 간단한 도구가 필요하다. 포인트는 휴대할 수 있느냐 없느냐. 그리고 전달하기 쉬운가 하는 점이다. 이 도구를 전염력이 강한 사람에게 여러 장 건넨다. 한번 만들어놓으면 나머지는 고객이 이끌어 줄 것이다.

4단계 - 소책자를 만든다

여러분의 회사에는 바이블이 있는가?

혹시 지금 '아, 이 사람 또 이상한 말을 하기 시작했군!'이라고 생각할지도 모른다. 하지만 모든 종교에 경전이 있는 것처럼, 여러분의 회사에도 바이블이 없어서는 안 된다. 바이블이란, 여러분의 회사의 상품이나 사고방식에 대해서 알기 쉽고 간결하게 정리해둔 소책자를 말한다. 40~70페이지 정도의 소책자를 만들어두자. 내가 소책자가 굉장히 효과적이라고 생각하는 이유는 그 효과에 대해 직접 경험을 했기 때문이다.

앞에서도 이야기했지만 나는 독립 당시,《적은 예산으로 우량 고객을 모을 수 있는 획기적 노하우》라는 70페이지 정도의 소책자를 만들었다. 그리고 영업 활동은 이 소책자를 배포하는 것에만 전념했다. 왜냐하면, "컨설팅을 받아보시겠어요?"라고 영업하는 것보다는 "이 소책자를 무료로 드리겠습니다"라면서 나누어주는 편이 훨씬 쉽고 편하기 때문이다.

이후 나는 이 소책자를 글자 하나 바꾸지 않고 통합 2만 부 이상을 배포했다. 내가 단시간에 많은 고객을 확보할 수 있었던 것은 바로 이 소책자 덕분이었다. 이 소책자는 영업 활동을 원활하게 해주거나, 성공률을 높여주는 등 많은 역할을 했지만, 내가 가장 놀란 것은 바로 소책자가 가진 입소문 효과였다. "이 소책자를 강연회에서 사용하고 싶은데 30부 구입할 수 있을까요?"라고 묻는 분들이 나타나기 시작했고, 곧 "이 소책자를 지인에게 받아서 읽어보았는데…"라는 문의가 쇄도했다. 빠르게 입소문이 퍼지는 것을 실감할 수 있었다.

나는 그때 다시 한번 책의 영향력에 대해서 실감했다. 당연한 것이지만, 이것이 카탈로그나 회사 홍보지였다면, 아무도 다른 사람에게 권하지 않았을 것이다. 그런데 작은 책자처럼 보이니 다른 사람에게도 권할 수 있게 된 것이다.

물론, 내용이 빈약하면 곤란하다. 하지만 내용이 좋을 경우, 카탈로그로 보이면 입소문으로 퍼지지 않지만, 서적으로 보이면 입소문이 된다. 카탈로그는 영업 도구로써 무료인 것이 당연하다. 그에 비해 책은 서점에서 파는 것이기에 가치가 있는 것처럼 느껴지는 것이다.

그럼, 소책자에는 어떤 내용을 담으면 좋을까?
한마디로 말하면, 상품의 구매를 판단하는 기준이 담겨 있어야 한다. 바꾸어 말하면, 상품을 사기 전 체크포인트를 고객에게 가르쳐주는 내용이 있으면 좋다. 요즘은 상품의 정보가 과하게 범람하고 있어 고객은 구매할 때, 무엇을 어떤 기준으로 선택하면 좋을지 알 수 없게 되었다. 그 결과, 가장 간단한 구매 판단의 기준으로 싼 가격을 추구하게 된다. 즉, 고객이 싼 가격에 흘러가게 된 것은 가장 싼 가격의 상품을 고객이 원해서가 아니라, 좋은 상품을 구별하는 방법을 모르기 때문이다.

예를 들어, 여러분이 에어컨을 산다고 하자. 제대로 된 회사는 에어컨 공사를 할 때 국산의 순정 부품을 사용한다. 순정 부품은 가격은 비싸지만, 파이프의 직경이 0.8㎜이기 때문에 내구성이 뛰어나다. 반면, 싸게 판매하는 회사는 중국제 0.6㎜ 파이프를 사용한다. 이 부품은 매입 가격이 싸지만 이사할 때 파손되기 쉽다.

언젠가 대형 마트의 전자제품 바이어와 상담을 하고 있을 때, 이런 이야기를 들었다.

"간다 씨, 에어컨은 어디에서 이익을 내는지 아시나요? 설치 공사를 할 때 값싼 부품을 사용함으로써 이익을 내고 있어요."

즉, 소비자가 모르고 있는 곳에서 눈속임을 하는 것이다. 소비자는 '상당히 싸게 구입했어'라는 생각에 기뻐하고 있을지도 모르지만, 사실은 그렇지 않았던 것이다.

여러분은 이 이야기를 듣고 어떤 매장에서 구입하겠는가? 가장 싼 상품을 판매하는 매장에서 사겠는가? 아니면 신뢰할 수 있는 곳에서 사겠는가?

소책자는 이런 상품의 구매 판단 기준을 고객에게 가르쳐줄 수 있다. 그럼 고객을 만나기 전부터 고객의 신뢰를 얻을 수 있기 때문에 영업이 훨씬 원활하게 이루어진다.

그런데 이런 소책자는 굉장히 효과적인 도구인데도 많은 사람들이 시도하려고 하지 않는다. 왜냐하면, 고작 40페이지의 소책자를 만들려고 해도, 지금까지 글을 써본 적이 없는 사람은 굉장히 어렵게 느껴 포기하기 쉽기 때문이다.

일단 써보려고 시도해도 한 글자도 쓸 수가 없다. 자신의 상품에 대한 지식이 얼마나 어설픈지, 자신의 경험이 얼마나 부족한지 뼈저리게 느끼게 된다. '지금까지 많은 경험을 해왔고, 나름의 노하우를 가지고 있다고 생각했는데, 그것은 고작 10페이지 정도밖에 되지 않는구나. 40페이지를 어떻게 채운담…' 하고 놀라게 될 것이다.

내가 이렇게 잘 알고 있는 것은 나 역시 그런 아픔을 경험한 적이 있기 때문이다. 하지만 이 고통은 반드시 훗날을 위한 밑바탕이 되어줄 것이다. 자기 생각을 소책자로 정리한 후에는 고객에게 자신의 생각을 전달하기 쉬워진다. 게다가 그 사고방식은 이내 사내에도 침투하기 시작한다. 그렇게 되면 회사 전체의 영업력이 한층 향상될 것이다.

가장 빠르고 쉽게 소책자를 만드는 법

"소책자는 확실히 강력한 도구가 되어준다는 것은 알겠습니다. 하지만 바빠서 도무지 소책자를 쓸 시간이 없습니다."

여러분의 이런 마음은 나 역시 게으름뱅이이기에 잘 알고 있다. 그럼, 지금부터 누구라도 쉽게 소책자를 만들 수 있는 방법을 살짝 알려주겠다.

우선 제일 간단한 것은 매월 발행하는 뉴스레터의 1년 치를 모아서 정리하는 방법이다. 즉, 뉴스레터를 쓰는 단계에서 처음부터 연재 코너를 준비해두는 것이다. 그 코너에 조금씩 글을 써두는 방법이다. 이 방법이라면 많은 시간을 한꺼번에 투자하지 않아도 되기에 바빠도 실행할 수 있다.

여러분이 도저히 못 쓸 것 같은 경우, '고객의 목소리'를 대량으로 모아 소책자를 만드는 방법도 있다. '고객의 목소리'는 2~3개 정도로는 신뢰도가 낮다. '친척을 동원한 것은 아닐까', '아르바이트를 쓴 것은 아닐까' 의심을 하기 쉬워진다. 하지만 "이 회사는 대단해! 이 상품은 정말 좋아"라고 이야기하는 고객의 목소리가 100건 이상 모인다면 어떨까? 이 정도로 대량으로 모이면, 이미 의심을 가질 만한 레벨이 아니게 된다. 즉, 압도적인 신뢰를 얻을 수 있는 것이다.

그럼, 고객의 목소리를 대량으로 모으기 위해서는 어떻게 하면 좋을까? 답은 간단하다. '고객의 목소리'를 모으는 것을 게임처럼 하면 된다.

"여러분은 저희 회사 제품을 어떻게 사용하시고 계시는가요? 여러 가지 이용법이나 소감을 알려주세요! 보내주시는 분께는 1만 원 상당의 상품권을 선물로 드립니다. 최우수 감상문으로 선정되신 분께는 온천여행권 네 장을 드립니다."

이처럼 고객의 목소리를 모으는 게임을 기획한다. 그리고 도착한 감상문을 정리한다. 그럼 회사에서는 큰 어려움 없이 소책자를 만들 수 있다. 만들어진 소책자는 가망 고객에게 카탈로그를 발송할 때 넣어서 함께 보낸다. 그러면 이전보다 성공률이 확실히 높아질 것이다.

만약 '쓰는 것은 잘 못하지만, 말하는 것은 자신 있다'라는 분이 있다면, 5단계에서 이야기하는 이벤트를 활용하는 방법도 있다.

예를 들어, 여러분이 만약 이벤트에서 어떤 테마에 대해서 이야기할 기회가 생겼다면, 그것을 녹음해두거나 비디오로 녹화해두는 것을 추천한다. 영상을 찍는 것이 상당히 번거로운 작업이라고 생각하기 쉬우나 최근 카메라의 영상 품질은 굉장히 좋아서 초보라도 깨끗한 영상을 촬영할 수 있다. 스마트폰 동영상 녹화 기능을 활용하는 것도 방법이다. 녹음할 때 역시 스마트폰이나 보이스레코더 등으로 하면 간단하다. 스튜디오만큼이라고는 할 수 없지만, 충분히 좋은 음질로 녹음할 수 있다. 그리고 녹음한 것을 적어서 소책자로 만들면 된다.

즉, 사소한 노력과 발상으로 여러분이 이야기한 것, 여러분이 생각한 것을 소책자로 바꿔 만들 수 있는 것이다. 소책자를 만드는 것은 여러분이 생각한 것만큼이나 어려운 작업이 아니다. 중요한 것은 '한번 해보자'라고 생각하는 정열과 의지다. 이제 첫발을 내딛기만 하면 되는 것이다.

'좋아! 그럼 한번 첫발을 내딛어볼까?' 하는 생각이 드는가?

이 질문에 대한 답이 '네!'인 사람만 다음의 내용을 읽어주길 바란다.

자, 여기에서 결심한 여러분에게만 미리 말해두고 싶은 것이 있다. 시작하는 것은 좋지만, 그것이 잘못된 첫발이라면 노력은 물거품이 되어버릴 수 있다. 소책자를 만들 때 하게 되는 가장 큰 실수는 재미없는 것을 만드는 데 있다. 읽어도 재미가 없는 것을 만들면 아무도 손대지 않을 것이다. 그렇다면 만들지 않는 편이 낫다.

그럼 재미있게 만들기 위해서는 어떻게 해야 할까? 우선 간단한 리서치를 했으면 좋겠다. 자신의 상품과 관련된 잡지가 있는지 서점에 가서 보길 바란다. 있다면, '이거 재미있어 보인다'라고 생각되는 잡지를 몇 권 사 왔으면 좋겠다. 그리고 그 기사를 읽어보자.

이 잡지 기사가 바로, 여러분의 고객이 읽고 재미있다고 생각하는 글이다. 잡지의 편집부는 독자가 어떤 것에 관심을 가지고 있는지 밤낮으로 연구하고 있다. 그 기사가 재미있는지 없는지에 따라 업계의 성적이 결정되기 때문이다. 그러므로 진지하게 자신의 모든 것을 걸고 읽고 싶어지는 것을 만들고 있다.

그렇다면 그러한 잡지 기사를 참고하는 것이 여러분이 '재미있는 소책자'를 만들 수 있는 가장 쉬운 방법일 것이다. 기사뿐만 아니라 문체도 참고하면 좋을 것이다. 갑자기 글을 써보려고 하면 긴장하게 되어 대부분 논문 같은 문장을 쓰게 될 것이다. 하지만 아쉽게도 논문 같은 문장을 읽어줄 사람은 아무도 없다.

가능한 한 회화체의 짧은 문장을 쓰자. 회화체의 문장으로 쓰면 독자는 실제로 작가와 이야기하는 것 같은 느낌을 받게 된다.
그 결과, 실제로 독자와 만나게 되었을 때, 고객은 이미 여러분에 대해서 어느 정도 알고 있기에 영업이 놀랄 정도로 쉽게 진행된다.

지금까지 게으름뱅이여도 할 수 있는 소책자 만드는 방법에 대해 이야기했다. 여러분의 회사에 멋진 상품이 있고, 더 많은 분께 알리고 싶다는 강한 사명감이 있다면 꼭 도전해보길 바란다.
글을 쓰기 전과 쓴 후는 인생이 바뀔 정도라고 해도 과언이 아닐 것이다.

지금 바로 시작해보자.

5단계 - 이벤트를 개최한다

　　4단계까지는 문장을 통해서 고객과 교류하는 방법에 대해서 이야기했다. 이러한 방법의 장점은 무엇일까? 그렇다. 양산이 가능하다는 것이다. 한번 만들어놓으면, 나중에는 인쇄기가 일을 대신해 준다. 여러분 회사의 생각을 되도록 많은 사람들에게 전달하는 것이 가능하다. '산업혁명 제일의 발명은 구텐베르크의 인쇄술이다'라고 일컬어지고 있는데, 정말이지 그 말 그대로다.

　　이처럼 큰 장점을 가지고 있지만, 역시 문장만으로는 한계가 있다. 고객과 확고한 연결고리를 만들기 위해서는 실제로 만나서 대화를 하는 과정이 꼭 필요하다. 그렇기에 이벤트를 개최할 필요성이 있는 것이다. 이벤트는 기독교의 예배와 같은 것이다. 조직의 구성원이라는 것을 확인시키고 멤버들 사이의 결속력을 높여준다. 그리고 새로운 신자를 권유하기 위한 장소 제공의 수단이 되기도 한다.

많은 기업들이 브랜드를 구축하기 위해서 효과적인 방법으로 이벤트를 개최한다. 예를 들어, 혼다는 스포츠카 NSX의 고객들을 위해서 매년 'NSX 페스타'라고 하는 이벤트를 개최한다. 레이싱 서킷을 개방해서 고객들에게 즐거움을 주고 친목을 다지는 계기가 된다.

스피커 제조업체인 보스에는 '보스바디 클럽'이 있다. 이 클럽에 가입하면 회보지를 받을 수 있을 뿐만 아니라, 친목 파티에도 참여할 수 있다. 게다가 종종 미국의 보스 본사로 견학 여행을 보내주기도 한다.

'브랜드를 확립하는 것은 열성 팬을 만드는 것'이라고 하는 기본으로 돌아가 생각해보면, 왜 브랜드를 중시하는 기업들이 팬을 모으는 이벤트를 개최하는지 알 수 있을 것이다.

물론 이벤트는 대기업뿐만 아니라 중소기업에도 굉장히 효과적이다. 고객과의 결속력을 높일 뿐만 아니라 매출 향상으로도 바로 직결되기 때문이다.

건강 관련 상품을 판매하는 주식회사 '프로 액티브'는 정기적으로 전문가들을 초빙해서 오픈 클리닉을 열고 저명한 인사들을 초청해 건강 세미나를 개최하고 있다. 이때, 상품 샘플이나 당일에만 사용할 수 있는 쿠폰 등을 선물로 주어 당일 매출로 연결시키고 있다.

와인 숍인 '나카노 주류점(아이치현 한다시)'은 와인을 좋아하는 고객들을 위해 최고급 와인을 마셔볼 수 있는 이벤트를 개최한다. 참가자 전원은 매번 유명 소믈리에가 추천하는 와인을 대량으로 구매하고 있다.

토너 재생회사인 '유한회사 이와사키 어소시에이츠(도쿄 메구로)'에서는 단골 고객을 위해서 매월 7일을 '토너의 날'로 정해 공장에서 토너 재생을 체험할 수 있는 '토너 가득 온천 여행'을 개최한다. 그 후, 참가한 기업으로부터 많은 소개를 받게 되었다.

부동산 회사인 '주식회사 하우징센터(오사카 히라타카시)'는 결함이 있는 주택에 관한 세미나를 개최했는데, 비가 오는 날인데도 불구하고 100팀 이상의 고객을 모았다고 한다. 이런 커뮤니케이션을 통해 이 회사가 기획한 6억 5,000만 원의 주택이 고객들 사이에서 인기를 끌며 당일에 전부 팔렸다고 한다.

이 회사들은 마치 학교 축제인 것 같은 기분으로 이런 이벤트들을 즐기면서 돈을 벌고 있다.

지금 '즐거워 보이기는 한데, 시간이 날 수 있을지…'라고 생각하며 미지근한 태도를 보이고 있지는 않은가. 그럼, 우선은 우량 고객을 몇 명 초대해 다과회 정도라도 열어보면 어떨까? 이 정도라면 쉽게 시작해볼 수 있지 않을까?

핵심 고객들과 친목을 다질 수도 있고, 더욱이 구성원 간의 교류도 촉진시킬 수 있다. 이것이 가장 간단한 이벤트다. 거기다 개최해보면 분명 즐거울 것이다.

이벤트 개최를 할 때 가장 큰 걸림돌이 되는 것은 '완벽주의'다. '사람들 앞에서 이야기해본 적 없는데, 대체 무슨 이야기를 해야 하는 거야…'라고 고민하거나 '고객들을 화나게 만드는 건 아니겠지…'라며 걱정될 수 있다.

하지만 그다지 걱정하지 않아도 된다. 왜냐하면 이런 이벤트를 기획했을 때 찾아오는 고객들은 새로운 것을 좋아하는 사람들이 많기 때문이다. 다소의 결점은 별로 문제 삼거나 신경 쓰지 않고 어떤 의미에서는 여러분을 성장시키겠다는 마음까지 가진 긍정적인 사람들이 모인다.

나도 '고객획득실천회'라고 하는 조직을 운영하고 있지만, 독립 초기에는 부끄러워서 말도 전혀 꺼내지 못했다. 하지만 그런데도 당시 모였던 분들은 나에게 자신의 주변분들을 소개해주었다.

이 경험을 통해 내가 깨달은 것은 처음부터 완벽할 필요는 없다는 것이다. 반대로, 완벽하지 않는 것이 좋다. 왜냐하면 그런 이벤트에 모이는 분들은 '저 사람이 성공했으면 좋겠다'라는 마음을 가진 분들이 많기 때문이다.

처음부터 프로인 사람은 없다. '처음이니까 서툰 것은 당연해'라고 생각하자. '이벤트 한번 해볼까?' 하는 가벼운 마음으로 시작하자. 그것이 3번 이어졌을 때는 주위에서 놀랄 정도로 멋진 이벤트를 만들 수 있게 되어 있을 것이다.

이벤트를 즉시 매출 향상으로 이어지게 하는 기술

이벤트에 소극적인 회사에도 이유는 있다. 그것은 어떻게 해서 매출 향상으로 이어지는지를 모르기 때문이다.

여기에서는 이벤트를 매출 향상과 소개로 연결시키는 비법을 알려주려 한다.

얼마 전, 나는 유원지에서 하는 어린이 뮤지컬을 보러 갔다. 인형 탈을 쓴 애니메이션 캐릭터가 춤추는 그런 공연이었다. 입장료는 무료였기에 아이를 데리고 갔는데, 알고 보니 거기에는 숨겨진 목적이 있었다.

공연이 끝나자 사인회가 열렸는데, 이 사인회에서는 애니메이션 캐릭터가 종이에 사인을 해준다. 그런데 사인회에 참가하기 위해서는 반드시 여기에서 파는 특제 종이를 사지 않으면 안 되었는데, 그것이 7,000원이나 했다.

그 이후, 사진 촬영도 진행되었는데, 폴라로이드 카메라로 캐릭터와 함께 사진을 찍고 그것을 페넌트(Pennant)로 만드는 이벤트였다. 이것 역시 15,000원의 참가비가 필요했다. 사인회와 사진 촬영 이벤트를 더하면 무려 23,000원이나 들었다.

'아, 공짜라고 생각했건만…!'

평소라면 이런 것에는 돈을 쓰지 않는 사람도 그곳의 분위기에 휩쓸려 돈을 지불해 참가하게 된다. 대체 얼마나 많은 사람들이 사인회와 사진 촬영에 참가하는지 세어보니, 약 15~20% 정도의 고객이 2가지 중 하나를 하고 있었다.

이것이 '구조'다. 입장료는 싸게 해둔 후, 이벤트가 끝날 때 소개를 의뢰하거나 판매를 시행한다. 이벤트를 시작할 때부터 '오늘은 소개를 많이 받아야지!', '오늘은 많이 팔아야지!'라고 생각하고 팔려고만 하면 너무 티가 나서 보는 여러분도 아마 질색할 것이다. 그래서 바로 이런 '콜롬보 작전'을 사용하는 것이다. 콜롬보 작전이란, 형사 콜롬보처럼 시치미를 떼고 본질을 꿰뚫는 방법이다.

예를 들어, 소개를 의뢰하는 경우라면,

"오늘은 이곳에 모여주셔서 감사합니다. (속으로 1~10을 센 후에) 아, 맞다. 중요한 것을 한 가지 잊고 있었네요. 사실 여기에 와주신 많은 분들이 그렇듯이, 저희 회사의 고객님들은 다른 고객님께서 소개해주신 경우가 많습니다. 저희는 우수한 서비스를 제공하기 위해서 높은 광고비를 들이지 않고 고객님들의 소개에 의지하고 있습니다. 그렇기에 여기 와주신 여러분들께서 친구분들 중 저희의 서비스가 도움이 될 수 있을 만한 친구분들이 계신다면 꼭 소개를 부탁드립니다. 친구 우대권을 드리겠습니다. 친구분들과 이야기를 하다가 저희 회사와 관련된 이야기가 나오면 그때 전해주십시오."

판매를 하는 경우라면,

"오늘은 이곳에 발걸음을 옮겨 참석해주셔서 감사합니다. (속으로 1~10을 센 후에) 아, 맞다. 중요한 것을 한 가지 잊고 있었네요. 오늘 참석해주신 분들에 한해서 특별히 알려드릴 것이 있습니다. 오늘 참석해주신 분들께 감사의 마음을 담아서 특별 우대 가격으로 저희 상품을 제공해드립니다. 다시 없을 기회이므로 꼭 이번 기회에 구입하세요!"

포인트는 자연스러워야 한다는 데 있다. 이벤트를 할 때, 이런 홍보를 하는 것과 하지 않는 것은 큰 이익 차이가 발생한다. 하면 확실하게 매출이 올라간다. 반대로 하지 않으면 그곳에 있는 현금을 불태우는 것과 같은 것이다. 물론 처음에는 용기가 필요하다.

하지만 한번 해보면 여러분의 만면에 웃음이 가득하게 될 것이다. 내가 보장한다.

사장과 직원의 반성회 4

"생각해보면 고객의 목소리도 그렇고, 뉴스레터도 그렇고, 다른 회사들은 하고 있었던 거니, 그다지 새로운 것은 아니었네."

"네, 제각각이어서 몰랐는데 고객이 입소문을 퍼뜨리게 만든다는 관점에서 분석해보니 한 조각, 한 조각의 퍼즐이 모여 하나의 그림을 만드는 것처럼 사실 다 의미가 있던 것이었습니다."

"우리도 여러 가지 판촉물을 만들고 있지 않나? 티셔츠나 점퍼 같은 거. 이런 것도 의식하지는 않았지만, 입소문을 전염시키는 도구였던 것이지?"

"네, 맞습니다. 장사를 굉장히 잘하는 어떤 사람이 체계적으로 여러 가지를 시도해보았나 봅니다. 그런데 그것을 표면적으로만 흉내 내는 사람들 생겨난 것은 아닐지…. 그렇게 본질적인 취지와 어긋난 채 그 방법만이 앞서나갔던 것은 아닐까 생각합니다. 그 결과, 본래의 목적과는 전혀 관계없는 판촉물이 되어버린 것이지요."

"그렇군. 그럼 우리 회사도 모든 것을 다시 시작하는 것이 아니라 지금 가지고 있는 것을 조금 바꿔보면 어떨까? 본래 어떤 의미가 있는지 이해하면서 사용하는 것과 전혀 모르는 채 사용하는 것에는 큰 차이가 있겠지."

"맞습니다. 본래의 목적을 잊어버리면 도구를 만드는 것 자체가 목적이 되어버리고 말 테니까요. 그리고 확실히 도구도 중요하지만, 이 책의 저자가 말하려고 하는 것은 도구 이상의 것인 것 같습니다."

"무슨 의미인가?"

"열정은 감염된다는 말이 있지 않습니까? 우리 회사에서는 직원의 열정이 불완전연소 하고 있는 것 같습니다. 다들 열정은 있지만, 어렵게 생각하지 않으면 결과가 나오지 않는다고 생각해서 시도보다는 생각을 많이 하고 있거든요."

"하긴…. 회의가 너무 많고, 써야 할 보고서 역시 너무 많긴 하지."

"네, 맞아요. 하지만 그렇게 고민할 필요는 없을 것 같아요. 이 책에서 말하고 있는 것은 '듣고 보니 그런 것 같아'라고 생각할 만한 것뿐이잖아요. 결코 인터넷의 기술적인 지식이 필요한 것도 아니고, MBA 과정에서 배울 법한 어려운 지식이 필요한 것도 아니잖아요. 돈도 들지 않고요. 거기다 즐겁게 할 수 있을 것 같아요."

"그렇지. 이 책에서 다루어지고 있는 사례들은 결코 큰 회사의 사례들이 아니었지. 그런데 왠지 열정을 느끼게 돼. '아, 나도 한번 해보자!' 하는 마음도 들고."

"그렇죠? '이렇게 즐겁게 노력하고 있는 사람이 있으니 나도 힘내지 않으면!' 하는 열정이 솟아 나온다니까요."

"벌써 자네에게도 열정이 전파된 것인가?"

"아, 열정이 전파되는 것이라면 꼭 우리 직원들에게도 긍정적인 자세로 노력하고 있는 회사의 열정을 전해보자고요. 그러면 회사도 크게 변할 것입니다."

"그래, 그러자고. 우선은 '입소문이 전염되는 것은 회사 안에서부터'라는 것을 직원들에게 가르쳐주자고."

"그 후에는 '고객의 목소리'를 수집해야 해요."

"그렇지. 고객의 기뻐하는 표정만큼 즐거운 것도 없으니까."

에필로그

세상에는 작용과 반작용이 있다.
돈을 원한다면, 돈을 주어라.
고객을 원한다면, 고객에게 베풀어라.
정보를 원한다면, 정보를 제공해라.

입소문도 마찬가지다.
고객에게 화제가 되고 싶다면 화젯거리를 제공해라.
이 책의 내용을 한마디로 이야기하면 바로 이것이다!

이 책을 통해 나는 여러분에게 부탁하고 싶다.
비즈니스를 고통스럽게 느끼지 말고 즐겼으면 하는 것이다.

빈곤한 삶이 아니라 비상식적일 정도로 풍요롭게 살아가길 바란다. 제한된 삶이 아니라 한없이 자유롭게 살았으면 좋겠다.

여러분이 이런 가능성을 느꼈으면 하는 마음에서 내가 가진 정보를 모두 공개하고자 이 책을 쓰게 되었다.

남들보다 아는 것이 많을 경우, 자신의 노하우에 대해 집착하고 싶어진다. 나도 처음에는 내 노하우를 공개하는 것을 두려워했다. 하지만 막상 공개해보니 공개하면 할수록 나에게 돌아오는 것이 많다는 것을 깨달았다.

이유는 분명하다.

주어진 지식을 독차지하고 자신만을 위해 사용하는 사람과 주어진 지식을 더 많은 사람에게 전파하고 사람들을 위해 도움이 되는 사람. 여러분이 신이라면 둘 중 어떤 사람에게 10억 원을 벌 수 있는 힌트를 주겠는가?

적극적으로 건네자. 여러분의 지식을 적극적으로 가르쳐주자. 이 책을 통해 조금이라도 얻는 것이 있다면, 꼭 주위 사람들에게도 나누어주자.

이 책을 집필하기 위해 다음의 도서들을 참고했다. 특히 앞의 세

권은 굉장히 좋은 경제·경영서이므로 꼭 읽어주었으면 한다.

《티핑 포인트(The Tipping Point)》, 말콤 글래드웰(Malcolm Gladwell)
《80/20 법칙(The 80/20 Principle)》, 리처드 코치(Richard Koch)
《누가 내 치즈를 옮겼을까(Who Moved My Cheese?)》, 스펜서 존슨(Patrick Spencer Johnson)
《획득의 대연구, 왜 사람을 사로잡는가?(「つかみ」の大研究―なぜ人を虜にするのか?)》, 콘도 카츠시게(近藤勝重)
《입소문 마케팅(Word Of Mouth Marketing)》, 제리 윌슨(Jerry R. Wilson)
《고객이 말하게 하라(Let Your Customer The Do The Talking)》, 마이클 카페리(Michael E. Caffery)

마지막으로 감사를 전하고 싶다.

나는 연말연시, 주말을 전부 반납하고 집필에 몰두했다. 덕분에 가족에게는 거의 아버지가 없는 상황처럼 되었다. 아이들은 내가 《파랑이, 노랑이, 보라》라는 동화책을 쓰고 있다고 알고 있다. 얘들아, 거짓말해서 미안해.

친구인 고사카 유지(小阪裕司)로부터 많은 자극을 받았다. 그와 술자리에서 이야기한 많은 힌트가 이 책의 베이스가 되었다. 그가 쓴 세 권의 저서 중 내가 가장 추천하는 것은 《당신도 할 수 있다 '반하

는 구조'가 가게를 바꾼다!(あなたにもできる「惚れるしくみ」がお店を変える!)》이다. 내 책을 읽고 공감한 부분이 있다면, 망설이지 말고 구입하기를 바란다.

이 책에서 설명하고 있는 입소문 전염 프로세스, 즉 매출 향상 법칙은 결코 내 개인적인 경험으로만 쓴 것이 아니다. '고객획득실천회' 회원들의 협력이 있었기에 이 정도의 단기간에 결과를 끌어내는 방법을 개발할 수 있었다. 그들이 가지고 있는 실행력, 그리고 긍정적인 열정은 굉장히 훌륭하다. 10년 후, 그들은 일본 경제의 중심축이 되어 활동하고 있을 것이라고 믿어 의심치 않는다.

이번에 사례 게재를 흔쾌히 허락해주신 '고객획득실천회' 회원분들께 진심으로 감사드린다. 더욱 많은 입소문 마케팅 노하우로 보답하고 싶다.

실천 마케터
간다 마사노리

부록

520개 회사의 성공 실적

독자 여러분께.
여기에 게재된 많은 회사들은 1년 전에는 여러분과 마찬가지로 제 책을 이제 막 손에 든 상태의 분들이었습니다.

1. 이 방법은 동업자에게는 알리고 싶지 않다. DM의 응답률이 200% 올라갔다. - EGM역전 곤다
2. 입소문 마케팅 전략을 도입 후 신문에 컬러 기사로 게재되어 대리점 모집에 기사를 동봉한 자료를 발송했더니 계약률이 무려 50% 올라갔다. - 석세스 플랜
3. 작년 12월 매출은 1년 전에 비해서 5배 이상 올랐다. 1년 후가 기대된다. - 이와사야
4. 매스컴에 대한 접근이 생각보다 쉬워졌다. - (주)콜카나자와
5. 어려운 시기를 간다 선생님 덕분에 극복했다! 간다 마술! 사랑합니다. - 다이유 골프
6. 이것저것 시험해보고 싶은, 여러 가지 아이디어가 떠오르게 되었다. - 소니생명보험 센다이 LPC
7. 기존 고객으로부터 계약이 갑자기 늘게 되어 매출이 상승했다. - (주)야마다 상점
8. 서투른 DM으로 세일 첫날 구매 고객이 84명! 게다가 30명 이상의 고객이 영업 전부터 줄을 서 있었다. - (유)레오나
9. 고객을 모으기 힘든 세미나를 확실하게 개최할 수 있게 되었다. -인스피레이션
10. 전봇대 광고로 조금씩 반응이 오기 시작한다. 다음 수단을 연구 중이다. - (주)아오야마 파킹 보험설계

11. 소책자를 만들어 11월 말부터 적극적으로 배포하고 있다. 12월에는 내방 고객이 전년 대비 21% 상승했고, 매출도 16% 상승했다. – 플로랄 웨이브
12. 상품권을 붙인 엽서를 배포하자 회수율이 2,000명 중 600명에 달했다. – (주)마루이
13. DM의 반응률이 7%에서 15%로 올라갔다. 좋은 상품을 좋은 방법으로 소개할 수 있는 이 노하우는 정말 대단하다. – 호호에미 박물관
14. '2년 동안 매출이 2.5배' 향상되었고, '광고 효과는 19배' 향상되었다는 클라이언트가 속출하고 있다.– (주)인터크로스
15. 소책자와 뉴스레터 덕분에 한 명이 8개월에 11동 수주! – (주)와다 하우징
16. DM을 30명에게 발송했더니 15명이 반응을 보여 1,500만 원의 매출을 올렸다. – (유)라피누토끼 약국
17. 신문 3줄 광고로부터 소책자 주문 반응률이 올라갔다. 영업 경비의 20%를 절감할 수 있었다. –(주)사에키
18. 가망 고객의 리스트 작업 진행 중! – 우네베건설 (주)하우스사무부
19. 상품, 계획뿐만 아니라 고객과 마음으로 연결되는 것이 중요하다는 것을 깨달았다. – (주)나스 보험센터
20. 엽서에 '여러분의 소중한 친구를 소개해주세요'라고 써두었더니 DM 응답률이 30% 올라갔다. – (유)타마즈쿠리미소
21. DM 활용 후, 매출이 2배 상승했다! – (주)이시카와
22. 책에 소개된 내용으로 가망 고객의 전략을 원활하게 세울 수 있었다.
23. 광고를 시작으로 이벤트 문의가 50% 상승 – (주)모그캐빈컴
24. 업계 최초로 매월 뉴스레터 발간, '다음 호는 언제 나와요'라는 문의가 묘하게 기쁘다. – (유)이매진
25. 가맹점이 3배로 늘었다. – 어댑트
26. 간다 방식을 통해 DM과 광고 반응률이 10배가 되었다. – (유)일본 칼슘

27. 21일간 감동 프로그램을 20건 실행했더니 감사의 편지를 5통이나 받았다. – (주)고마츠 건설
28. 뉴스레터 발행 후 2개월 이후부터 반응률이 30% 향상되었다. – 카기모토
29. 구체적인 해결책이 보이자 직원들의 눈빛이 바뀌었다. – 샤인
30. 광고에 팩스 번호를 싣는 것만으로, 자료 청구 수가 10% 상승했다! – (주)일본교육 크리에이트
31. 매출이 작년의 133%가 되었고, 지금도 주문이 끊이지 않는다. – (주)VIP산코
32. '고객의 목소리'가 회사에 들어오면서부터 전과 다르게 직원들이 열정적인 태도를 보인다. –(유)러블리즈
33. 가망 고객에 대한 DM으로 특전에 기한을 두었더니 성공률이 30% 올라갔다. – (주)아프레스
34. 손으로 쓴 엽서를 100장 발송했더니, 5일 동안 엽서를 통한 참가자가 25명, 엽서를 지참하지 않고 내점한 고객도 고정 고객이 되었다. – (주)일력
35. 이 불황 중에 전년 대비 매출 110% 달성 – (주)아베 식육
36. 처음으로 보낸 DM으로 신제품의 초기 물량을 모두 팔았다! 간단하게 신규 시장 개척을 할 수 있었다. – (주)비라인
37. 〈아사히신문〉 지방판에 광고를 내서 반응률이 10건 있었다. – 오오타 치과
38. 소책자를 만들어서 지역 정보지에 냈더니 28건의 반응이 있었다. 전단지의 반향보다도 큰데도 예산은 절반! 전단지보다 큰 물량을 수주받을 수 있었다. – (주)타케이 건설
39. 도입 후 매출이 갑자기 600만 원 상승. 재구매율도 18% 상승. 그 이후에도 꽤 순조롭다. – 나고야 미용(주)
40. 수주가 배로 늘었다. 영업 방식을 여러 가지로 고민한 결과. 신규 고객이 계속 증가했고 종래의 거래처와도 단단한 관계를 맺고 있다. – 야마이치 목재(주)
41. 회원에게 뉴스레터를 5개월간 보냈더니 4개월째에 매출 150% 상승 – (주)웰비

42. 전년 대비 110% 상승. 직접 매출 상승으로 이어지는 방법을 모색 중 – 리폼 플라자

43. 광고는 지역 정보지에만 했음에도 영하의 추운 날씨에도 리폼 설명회에 15팀이 참가했다. –(주)토니

44. 회사 홈페이지나 뉴스레터의 문구를 바꾸었더니 접속률, 반응률이 굉장히 많이 올라갔다. – (주)하라 꽃집

45. 자료 요청자의 25%가 신규 고객으로 변신했다. – (주)메모리

46. 도입 직후부터 DM에 대한 반응이 30~35%나 올라갔다. 앞으로가 더 기대된다. – 브러스 헤어

47. 전단지의 반응률이 8배가 되었다. 그 75%가 등록했다. – 톱 세미나

48. 운전면허의 종합 사이트를 설립해 감정 마케팅을 통해 매달 400~800명이 접속하고 있다. – 면허나비사무국

49. 우리 같은 작은 회사에서도 전단지 만드는 방식 하나로 하나의 큰 전략이 된다는 것을 알았다. – (유)니비오

50. 신문 광고에 간다 방식을 도입했더니, 갑자기 반응이 10배 늘었다. – (주)쿠니시마

51. 광고를 효과적으로 하는 방법을 알게 되었다. 집객이 5배 늘었다. – 야시마 정체원

52. 직원이 의욕적으로 판촉 활동을 하게 되었다. 좋은 의미로 게임을 한다는 느낌으로 일하고 있다. – (주)에스엔드에스 네트워크

53. 뉴스레터 발행 2개월에는 신규 수주 1건, 은행을 시작으로 거래처로부터 고객 소개 3건, 뉴스레터 덕분에 컨설턴트로서 평가가 높아졌다. – (유)유컨설턴트

54. 큰 포스터를 국도를 따라 붙여두었더니, 꽤 많은 손님의 문의가 있었다. – 야마시타 석유점

55. 지금까지 광고를 한 적이 없었는데, 도입 후 1번의 광고만으로 내방객 수가 한

달 만에 10배로 늘었다. - 에스테스타지오라 룬느

56. 뉴스레터 발행 직후의 반응이 굉장히 늘었으며, 이는 매출로 이어지고 있다. 스태프의 이름을 많은 분들이 기억해주고 있다. - 팀세븐재팬(주)

57. 아직까지는 변화가 없다. 현재 작업 중이다. - (유)캐리어업

58. DM으로 집객률이 30% 상승, FC의 신규가입자 수가 증가했다. - (주)네트워크 삿포르

59. 전혀 모르는 사람에게 DM을 보냈더니, 응답률이 1.56%나 되었다. - 군제 주식회사

60. 전단지를 4,000장 뿌렸더니 반응이 5건이나 있었다. 지금까지는 1건 정도가 최대였는데, 마치 꿈같다. - (주)리얼비전

61. 도입 직후부터 DM의 반응이 3배 이상 상승했다. 소개 신규 고객이 2배 상승했다. 2개월 만에 매출이 45% 늘었다. 3개월 만에 2배가 되었다. 지금도 이 상승은 멈추지 않는다. - 마루칸의 가게 호쿠조쇼 반다이

62. 잡지에 경품 광고를 냈더니, 보통은 한 달에 12~13명 정도였는데, 약 100건으로 늘었다. 들어간 비용은 32만 원이다. - (유)메스미켄

63. 지금까지 광고 전단지가 왜 반응이 없었는지 깨달았다. 광고를 전략적으로 생각하게 되었다. - (주)시바모토 공무원

64. 새로 연 컴퓨터 교실에 문을 연 첫날 50명의 학생이 모였다. - (주)치바 교육 포럼

65. 미용사들의 손 트임이나 아토피 환자에게 좋은 비누가 전국을 향해서 나아가고 있다. - 레라오사카 히가시판매(주)

66. 리폼 스튜디오에서 정기적으로 여는 모임에서 하루에 10~12명의 고객을 모았다. - (주)미쿠

67. 단 한 줄을 추가한 덕분에 전단지의 반응률이 높아졌다. - (주)켐플

68. 기존 거래처로부터의 발주 횟수가 2~3배로 늘었다. - (유)브러쉬업

69. 도입 후, 광고 반응률이 20% 상승했다. – 아메리칸 랭귀지 스쿨 호후지부
70. 간다 방식을 통해 즐거운 영업을 하게 되었더니, 실적이 15% 늘었다. – (유)유토리스트
71. 광고를 통해 고객이 30% 증가 – (유)디자인감리연구소
72. 전시회의 1평짜리 작은 부스에서 300명이 넘는 분들과 명함을 교환했다. 직접 만든 홈페이지를 통한 문의가 월 30건이다. – (주)나리카와미곡
73. 업무 개선 매뉴얼을 시작한 후, 매주 10건의 개선안이 모여 신규 개척에 활용함으로써 거래처를 6개월 만에 6군데 소개받았다. – (주)재무플래닝
74. 뉴스레터를 발행한 후, 6개월 만에 여섯 군데의 회사를 소개를 소개받았다. – (주)재무플래닝
75. 150통의 DM을 보냈더니, 5일 동안 6건의 반응이 있었다. 영업 직원 한 사람이 1개월 걸려 한 작업량과 같다. – (주)오피스아사히
76. 뉴스레터에 대한 아이디어로 DM의 반응이 5배로 늘었다. – 닛케이BP판매(주)
77. 전단지, DM의 문구 차이로 이렇게까지 고객의 반응이 달라질 수 있다는 것에 놀랐다. – (주)트림
78. 뉴스레터를 발행함으로써 고객에게 의뢰를 받기가 쉬워졌다. 모르는 곳에서 우리 회사의 이름이 거론되는 것 같다. – 신메이 모터스
79. 창립 40주년 기념으로 이벤트를 한다는 광고를 내려고 한다. 반드시 효과가 있을 것으로 생각한다. – (주)토토 건설
80. '아첨하는 영업'은 안 된다. 용기를 내서 고객들과 대등한 관계로 대화해야 한다. – (주)후지모토보험 서비스플라넷
81. 회의하거나 전단지를 만드는 작업을 할 때, 직원들이 '어떻게 하면 고객의 마음을 움직일 수 있는지'를 생각하게 되었다. – (주)글로벌 아이
82. 홈페이지에 응용했더니 한 달 만에 106개 사의 가망 고객사를 얻었다. 게다가 DM에 응용했더니 2개월 만에 투자 자금의 100배라는 성과를 올렸다. – (주)

TYC

83. 홈페이지에 적용하자 1개월 동안 자료 청구 수가 6배로 올랐다. - (유)칼라

84. 15초 자동 청구 문의 전화로 40%의 반응을 얻었다. 얼굴도 본 적 없는 먼 곳에 있는 분들도 고객이 되어주었다. - 나카지마 주점

85. 전단지를 바꾸자 반응률이 40~80% 상승했다. DM에 의한 매출 향상도 평상시의 80~140%였다. - 커피메이칸

86. 간신히 구상이 완성되었고 환경도 정리되었다. 반드시 성공하겠다. - 니히카라 산업(주)

87. 지금까지의 운영 방식이나 사고 방식, 전부가 변했다. 반드시 실적 향상으로 연결될 것이라 확신한다. - (주)CWM종합경영연구소

88. 사원의 얼굴 사진을 실은 전단지 1만 장으로 20건의 전화가 왔다. 그 후에도 그들은 전단지를 가지고 있는 것 같다. - (유)요코즈카 공업소

89. DM 반응이 급격하게 증가했다. 매출도 늘고 있다. - 체리소다@(주)엔테이지

90. 전단지의 반응이 급격히 증가 - 미노야주택설비

91. 이익이 전년 대비 216.6%까지 올랐다. - (유)노무라전기

92. 자료 청구 후에 DM을 다시 작성했더니, 설득하지 않아도 성공할 수 있게 되었다. 물론 상담률도 올라갔다. - 날버너

93. 다른 곳과 다른 방식으로 판매할 수 있다는 것에 대단히 자부심을 느끼고 있다. - 앵커 비주얼네트워크

94. 고객사에게 적용하자 좋은 평판을 받게 되어, 상공회의소에서의 강연 의뢰가 반년 사이에 10회 늘었다. - 오가와 경영사무소

95. 거짓말 같은 진짜 이야기, 무려 전반기 매출 목표를 단 한 달 만에 달성! - (유)이모토 건설

96. 이 마케팅은 바로 적용할 수 있다! DM 비용 585만 원, 매출 2주 만에 매출 7억 5,000만 원을 달성했다. - 아일포스트(유)

97. '전단지를 작성한 사람'이라는 지명으로 일이 들어와 고객으로부터 매번 '전단지가 재미있어서 전화했다'라는 이야기를 듣는다. - 샹크 홈서비스(주)

98. 광고비가 4분의 1로 줄었고, 반응은 4배로 늘었다. - 타노시이(주)

99. 종래의 2%라는 저조한 DM 반응률이 13.2%로 비약적으로 향상했다. - (주)넥스미디어

100. 편지 스타일로 만든 DM으로 다음이 궁금하다며 대호평을 받았다. - 오프사이드

101. 얼굴 사진을 넣은 광고 스타일의 명함으로 대호평을 받았다. 현재 30개의 신규 고객사를 확보했고, 입소문으로 소개가 계속 이어지고 있다. - 테루미나미 인쇄(주)

102. 매월 발행하는 뉴스레터에 체험담과 사진을 넣어 게재했더니 그 상품의 매출이 2배로 상승했다. - (주)셰어링헬스재팬

103. 지금까지 자신의 머릿속에 있던 것이 정리가 되었다. 고객에게 새로운 방법으로 적용했더니 올해 1월의 실적이 전년 대비 170%나 올랐다. - DM(주)

104. '입소문을 퍼뜨릴 장소' 테크닉으로 일주일 동안 120명이, 한 달 동안 400명이 계약했다. 인터넷에서도 반응이 좋다. - 프래닉스퀘어

105. DM 도입 후 반응률이 30% 이상이 올라갔다. - (주)낙크 후쿠오카지점

106. 도입 직후부터 DM의 반응이 30% 상승 - 프롤로그 센다이

107. 팩스 캠페인을 벌인 결과, 잠재 가망 고객이 증가했고, 전보다 3~5% 반응률이 증가했다. - (주)디자인앤드 디벨롭먼트

108. 전단지로 3명 모았고, 소책자로 43명 모집했다. 전보다 10배 이상의 반응이다. - (유)카토건설 로프트홈

109. 뉴스레터의 힘을 절실히 깨달았다. - (주)리폼하우스

110. 도입 2개월 만에 다이렉트 팩스 정보로 반응률이 35% 상승했다! - 아름다운 재생공방

111. 과거 4번의 DM이 굉장히 경이적인 반응률을 보였다. 최근에는 1,000명에게 보냈더니 300명 이상의 분들로부터 반응이 왔다. - 어실종합연구소
112. 엽서 DM으로 방식을 바꿔 800통을 발송하자 15건의 문의가 왔고, 90% 이상의 성공률을 보였다. 50만 원 지출로 이루어낸 성과다. - 메이코우 학원 사노 교실
113. 도입 후 사고 방식이 360도 바뀌어 꽤 재미있는 팸플릿을 만들 수 있었다. - (주)호몬사
114. 멋진 연하장을 만들기 위해 연구를 거듭했더니 전년 대비 20% 내원객이 늘었다. - 타카사키 치과
115. 매월 소개로 인한 신규 고객이 착실하게 증가하고 있다. - 고베인쇄 본점
116. 단 한 번의 광고 게재로 20건 이상의 반응이 있었다. 한 건당 약 4,500원이 들었을 뿐이다. - 이스쿠 영어학원
117. '반응이 없다면 수강료를 돌려드리겠습니다'라고 광고했더니 그것만으로도 효과가 있었다. - 히타치 메소드
118. 아직 시행착오 중이지만, 간다 노하우를 흡수해 힘내보려 한다. - (주)렉크
119. 교실 앞에 전단지를 놓아두었더니 5명이 입회했다. 신문에 끼운 전단지로 18명이 입회했다. - (자)츠루카메번영사
120. 새롭게 회사명을 알리게 되어 영업 활동이 조금 편해졌다. - 내셔널 투어
121. 도입 전의 DM으로는 500명에게 2번 보내도 반응은 제로였는데, 간다 방식 도입 후에는 같은 리스트였음에도 5명이 반응을 보였다. - 네스콤 코조 교실
122. 원스텝의 팩스 DM에 전혀 반응이 없어서 개선해서 2단계로 했더니 72건 중 2건의 반응이 있었다. 앞으로가 기대된다. - (유)코난전기설비
123. 마케팅의 기초이론을 알게 된 후, 고객 명부를 활용해 성과를 높이고 있다. 매출은 전년 대비 20% 상승했다. - 아크토 아카데미
124. 도입 후 문의 건수가 더욱 상승했다. - 다카야마사회보험 노무사 사무소

125. DM의 반응이 50% 상승했다. – 미레키아로
126. 간다 방식 도입 후 반년, 재구매율이 10% 상승했다. – 오오시마 보청기센터
127. 신규 사업의 광고로 문장만으로 된 싼 광고를 활용했더니 반응률이 3%였다. 문장이 사람을 움직인다는 것을 실감했다. – 생활경비삭감실천회
128. 고객으로부터 전화나 홈페이지 접속 등이 늘어났다. – (주)세레네
129. 직원들의 사기가 높아졌다. 바로 실천하는 것이 좋다! – (유)신라이트
130. 잡지 광고의 내용을 바꾼 것만으로 과거 11건에서 25건으로 늘었다. 전단지 반응도 무려 250명 가운데 1명이 되었다! – (유)고후지건설
131. 그저 팔려고만 하는 것이 아니라 고객에게 정보를 주는 방식으로 매월 고객이 늘게 되었다. – 후지오카식품(주)
132. DM 스타일을 바꾸자 반응률이 100분의 1에서 60분의 1로 늘었다. – 사이카나나다 차일드아카데미
133. 예전에는 영업 직원 27명으로 매출 91억 원이었는데, 지금은 18명으로 94억 원의 매출을 올리고 있다. – (주)그린랜드
134. 고객이 흥미를 가질 수 있도록 뉴스레터의 방식을 바꿨다. 예전보다 고객과 대면하기가 쉬워졌다. – (유)서브인 코퍼레이션
135. 간다 방식 도입 3개월 후, 문의가 30% 증가했다! – (주)후지이공업소
136. 이메일을 활용한 DM으로 월 1,000만 원의 광고비가 무려 50만 원으로 줄었다. – (주)액티비
137. 가망 고객의 명부를 활용해서 성공률이 12%에서 47%로 상승했다. – 베스트학원
138. 세미나에 대한 안내를 보낼 때, 팩스로 보내는 방법과 간다 방식으로 DM을 보내는 방법을 시험해본 결과, DM의 반응률이 팩스의 7배였다. – (주)TMC
139. 신규 사업이 원활하게 진행되고 있다. DM의 반향이 보이기에 계획대로 추진 중이다. – (주)SCI

140. DM 한 통으로 만 원을 벌 수 있는 DM 기술을 발견했다. - 모니카 코퍼레이션
141. 간다 방식의 뉴스레터로 문의 팩스가 이틀 만에 127통 왔다. - 반초서점
142. 도입 후 연간 매출이 20% 상승, 이익률은 그 이상으로 크게 늘었다. - (주)파인즈
143. 도입 후 5개월 만에 DM으로 인한 내방객이 5.1배 상승했다. - (유)홈데크
144. 고객과 면담하는 횟수가 늘어났고, 소개가 쉬워졌다. - 인슈어런스넷서비스
145. 신규 고객 3,911건 팩스 DM을 보냈더니 260명으로부터 신청을 받았다. 하루 하고 반나절 내내 전화가 계속 울렸다. - 오피스서포트(주)
146. 도입하자마자 매출이 약 40% 정도 늘었다. - 아오야마 바른발 연구소
147. 고객들의 소개 덕분에 영업도 DM도 전혀 필요가 없어졌다. 입소문이야말로 최고의 영업 직원이다. - (유)엔젤
148. 20% 세일 안내 엽서 반응이 30%였는데, 방식을 변경했더니 할인과 상관없이 44%의 반응률을 보였다. - 펭귄미용실
149. 간다 방식의 세일즈 토크로 쓸데없는 견적이 50% 줄었다. - (주)하우제
150. 기회를 놓치지 않고 회사의 경영이념을 표현 중이다! -(주)요시이구미
151. 신규 점포를 오픈하면서 전단지를 10번 돌려 모두 성공했다. 1,000명에게 건네 250명으로부터 반응을 얻었다. - 라면가게 면'S
152. 비싸게 견적을 내도 "잘 부탁드립니다"라는 말을 듣게 되었다. - 사타케 내장공사
153. 도입 후 4주가 지나자 반응이 15% 늘었다. 7주 지나자 23% 상승했다. 조금씩 반응이 늘고 있다. - 하마다 보험사무소
154. 처음으로 팩스 DM을 아홉 군데의 회사에 보냈는데, 두 군데에서 반응이 있었다. - (주)리프레 아이즈
155. 재고 처분 안내 전단지를 2,000장 보냈는데 66장이 회수되었다. 나중에 무차별로 보낸 전단지의 반응률이 1%라는 것을 알았다. 논리적으로 틀리지 않

다. -(유)캐멀마트 미우라

156. 영업 직원들의 의식이 '힘들다'에서 '즐겁다'로 바뀌었고, 그 결과 매출이 40~70% 올랐다. - 미키모토 화장품

157. 법인 타깃이기에 DM을 중시하지 않았는데, 의외로 반응이 좋았다. - 선케이디자인(주)

158. 뉴스레터를 시작했다. 회사 전체의 분위기가 바뀌었다. - 크로바란스(주)

159. 매출을 높이는 방법은 물론이거니와 비즈니스의 재미와 자유에 대해 알게 되었다는 것이 간다 방식을 통한 가장 중요한 깨달음이었다. - 그린하우스

160. 환자의 재방문이 늘었다. - 나리타제일접골원

161. 뉴스레터의 제목과 내용을 변경했더니 읽는 분들이 늘어 영업이 쉬워졌다. - (주)ICS

162. 지방지에 낸 약 50만 원의 광고를 통해 54명으로부터 문의가 왔다. - FROM30TY

163. 고객인 리조트호텔은 광고비 50만 원으로 150명의 숙박객을 모집했다. - (유)KCIS

164. 딱히 광고를 하지 않았는데 매출이 향상되고 있다. - (유)선플랜 인터내셔널

165. 전단지의 제목을 변경하자 문의가 배로 늘었다. 효과는 2주나 지속되었다. - (유)쇼리츠 오사키야 컴퓨터 교실 부문

166. 1단 비용이 만 원인 정보지에 5단 광고를 냈는데, 자료 요청이 78건이나 들어왔다. - 센트웰인쇄(주)

167. 전단지의 반응률이 30% 향상되었다. 재구매 고객도 배로 늘었다. - 벤리 아사쿠사점

168. 간다 방식의 세일즈 토크를 활용한 결과, 거래처에서 우위를 점할 수 있었다. - (유)글로벌케어

169. 금융기관 500군데에 DM을 보낸 결과, 2주 만에 80건의 반응이 있었다. -

퍼스널 라이프제듀케이트(주)

170. 광고에 들이는 돈은 25%로 줄었는데, 고객은 2배로 늘었다. 말 그대로 간다 매직이다! – (주)메이플홈즈 다카마츠

171. 처음으로 만든 전단지로 10건 중 1건 비율로 반응이 있었다. – 작은 가게 응원단

172. 뉴스레터를 계속 만든 덕분에 특히 고정 고객으로부터의 의뢰가 많아졌다. – (유)이와사키 아소시에이츠

173. 광고의 반응률이 약 5배가 되었다. 주말 내방객도 4~5팀에서 두 자릿수로 늘었다. – (유)타트원아시

174. 뉴스레터를 통해 고객을 모집한 결과, 구매량이 30% 증가했다. – 협동 비즈니스서비스(주)

175. 제작한 보고서를 판매하는 홈페이지에 구매자를 게재했더니 구매율이 0.1%에서 7.5%로 75배 늘었다. – 프라임 서비스

176. 고객의 입장에서 서비스를 바라볼 수 있게 되었다. – (주)퍼스트

177. 불편했던 환자와 전보다 원활하게 대화를 할 수 있게 되었다. 또한, 전년 대비 환자 수가 4배 증가했다. – 스즈키 치과

178. 도입 후, 전단지의 반응률이 증가했다. 1만 1,500장을 뿌려 12건 계약에 성공했다. 과거에는 1만 장 뿌려서 고작 1~2건이었다. – NDI

179. 도입 후 약 1년이 지나자 총이익이 1,000만 원 이상 올랐다. – 나카토 주류점

180. 가망 고객에게 개인 문자를 보내자 갑자기 일주일 만에 1,200만 원의 매출이 발생했다. 그 후에도 이런 반응은 이어지고 있다. – ABC 코퍼레이션

181. 간다 방식을 인터넷 쇼핑에 응용하자 전국 판매의 길이 열렸다. 주문도 순조롭게 늘고 있다. – 양과자 하나비시

182. 일을 어떻게 해야 할지 방법이 보이기 시작했다. 올해부터 반격 개시한다! –

(유)이 라이프

183. 자격 취득을 지원하는 DM에 신청 기한 동안 선물 증정 내용을 넣자 학생 수가 전년 대비 72%나 늘었다. - 하베스트홈

184. 내용은 그대로 두고, 광고의 표현을 조금 바꾼 것만으로 가망 고객이 5명에서 18명으로 늘었다. - (유)이노우에나오미 유학연구소

185. 무료로 책꽂이를 증정하는 이벤트의 반응이 좋았다. 매월 계약이 늘고 있다. - 무사시노 노무행정사무소

186. 상품이 팔리는 것은 '논리'가 아닌 '감정'에 답이 있다는 것을 깨달았다. 고객사에게 이를 전달하자 더욱 신뢰를 얻을 수 있게 되었다. - 중소기업진단사 와카바야시 토시로 사무소

187. 지금까지와 전혀 다른 기획서가 되었다. - 동양 비디오 주식회사

188. 고객 감정을 중시하는 영업을 시작했더니, 인터넷 접속률이 늘었고, 문의가 많아졌다. - GI(주)가타노 대리점

189. 반응률은 20% 상승했고, 계약 성공률은 무려 40% 상승했다. 구매할 고객을 구분하는 법을 알게 되어 낭비되는 시간을 절약할 수 있게 되어 효율이 높아졌다. - 아이티오(주)

190. 기존 고객에게 보낸 DM으로 매출 상승은 물론, 기존 고객 유출을 막는 효과도 있었다. - (유)글로벌 네트

191. 회사 설립 후, 5개월 동안 전혀 매출이 없었는데, 9개월 차에 1억 8,000만 원의 매출을 올렸다. 간다 방식은 정말 대단하다. - 케이프린팅(주)

192. 도입 후 DM 반응이 25% 상승했고 계약 성공률이 20% 상승했다. - (유)우에노공방

193. 영업 직원을 전혀 늘리지 않고도 수주가 100% 늘었다. - (유)이노우에 건설

194. 소책자를 사용한 세미나 활동으로 수주 역시 성공했다. 이번 분기 흑자를 기록했다. - (유)공방건설

195. DM 56통을 보내 받은 문의 중 한 건의 계약을 성공했다. - (유)아카자와 플래닝

196. 매출 증가를 목적으로 바꾼 문구로 고객의 관심을 끌었다. 당연히 매출도 올랐다. 이것이 바로 감성 마케팅! - (주)생활종합 서비스

197. 고객들의 소개율이 30% 증가 - 나카타

198. 고작 10통의 DM으로 수억 원 단위의 안건을 상담하고 있다. 나 자신도 굉장히 놀랍다. - (주)뉴아쿠아 기술연구소

199. 비즈니스에 대한 의식을 바꿨다. 그 이후 도전의 의지가 생겼다. 신규 고객 수도 전년 대비 20% 상승했다. - (유)기무라 상사

200. 겨우 103통의 DM으로 반응은 2배였다. 매일 보람을 느끼며 일을 하고 있다. - (주)다마과자

201. 사은품을 증정한다는 DM으로 수주가 배로 늘었다. -(유)사쿠라키노코엔

202. 3개월간 DM 반응률이 3%에서 7%로 증가했다. 내용을 바꿔가며 시험하고 있다. - 아사히물산 주식회사 혼조급유소

203. 세미나를 안내하는 전단지를 개선했더니 효과가 굉장했다. 전년 대비 10%의 매출 상승을 달성했다. 판촉비는 오히려 전년 대비 3% 감소했다. - (주)일본총연비지콘

204. 큰 결심을 하고 전부 바꿨더니 DM의 반응률이 50% 상승했다. - (주)아이테크

205. 구매자에게 사은품을 증정한다는 광고를 한 후, 여러 건의 문의가 왔다. - (유)나카키커스텀 하우징

206. 여러 가지로 방식을 바꾸고 경쟁자와의 가격 비교표를 넣은 전단지를 배포하자, 평상시의 120% 판매 수를 기록했다. - (주)와그

207. 효과가 없는 DM을 전면 중단해서 월간 120만 원을 절약할 수 있었다. 하지만 고객의 방문율은 3~4%에서 13~16%로 4배 증가했다. - 태양 에리어스(주)

208. 광고 문구를 바꾸자 0~3건이었던 반응이 19건이 되었다. 거기다 새로운 고

객에게 감사 편지까지 받았다. - 미용실 루그랑

209. 도입 후 업적이 매년 상승 중이다. 올해도 보험 업계로서는 이례적으로 전년 대비 170% 상승했다. - (주)플러그

210. 가망 대리점에 고객 서비스에 대한 정보를 담은 전단지를 돌렸다. "이러한 서비스가 필요했다!"라며 기뻐했다. -나쿠라 회계사무소

211. 소책자 기획 등으로 2,000명의 우량고객 명부를 3개월 만에 입수했다. - 지마키단주조(주)

212. 견적을 의뢰하는 고객 전원에게 사은품을 준다는 광고를 했더니, 약 1.5~2배의 효과가 있었다. - 트라이티(주)

213. 스텝 업 판매 방식으로 가격을 올리지 않고 한 사람당 1.5배 증가했다. - 아트라스사이필드

214. DM에 반응한 가망 고객 30%가 계약했다. - 링크 컨설팅(주)

215. 도입한 후 3개월 동안 매출 200% 상승했다. - (유)오오니시 보험사무소

216. 광고 문구를 기사 방식으로 바꾸자, 문의가 150% 상승했다. - (유)크라쥬

217. 1,000만 원을 들여 제작한 전단지의 반응은 5명이었지만, 간다 방식을 도입한 후 120만 원으로 만든 전단지에 반응을 보인 사람은 68명이 반응했다. -(주)고마츠 건설

218. 의견을 묻는 대화 스타일로 바꾸자 지금까지 시간을 내어주지 않았던 기업과 시간 약속을 잡을 수 있었다. - 에이 플래닝(주)

219. 가까운 시일 안에 신상품의 판매를 개시한다. - (유)야쿠젠팜식품

220. 팩스 DM으로 신규 고객 개척을 실시했다. 몇 번이고 테스트해서 2~3%였던 반응률이 10% 전후로 상승했다. - 소시오 코퍼레이션

221. 기존 고객들에게 100통의 DM을 보내 직후 수주가 16건, 예약 주문이 20% 이상이었다. - 아사가(주)

222. 전단지 색상의 중요성을 깨달았다. 흥미를 느끼게 되는 정도가 전혀 달랐다.

-ASAHI 시티스쿨

223. 도입 후 사고방식이 유연해져 많은 서비스와 상품 아이디어가 솟구쳤다. - 하츠뮤직 스튜디오

224. 기존 고객 1,800명에게 DM을 보내 190명이 주문을 했고, 10.5%의 반응이 있었다. - (유)이세엔

225. 월 1회 배포하는 전단지의 반응이 키워드 문구 하나를 바꾸자 200% 상승했다. - 코요 상사(유)

226. 그동안은 신문 광고의 반응이 전혀 없었지만, 간다 방식을 활용해 월 10만 원의 광고 비용으로 약 50건의 반응이 있었다. 이미 계약도 따냈다. - (유)코야타

227. DM과 연동해서 매장 안의 각종 안내를 종합적으로 검토하자 좋은 평가를 받고 있다. - (주)신켄 약국

228. 감성 마케팅으로 1년간 매출 1.35배로 증가, 인터넷 쇼핑은 4.5배로 성장했다. 계속 증가세 추세. 신규 고객의 재구매율은 70%를 넘었다. - 사카모토 커피

229. 연하장 대신에 메뉴 등을 발송하자, 하루 평균 두세 테이블의 예약이 들어왔다. 반액 행사 기간에는 평소보다 약 50% 매출이 증가했다. - (유)주쇼레스토랑 토미

230. 팩스 DM을 활용한 영업으로 판매망이 전국으로 넓어졌다. - 상와쿠스(주)

231. 반신반의의 마음으로 행했던 DM 작전이 훌륭하게 적중했다. 반응률이 3배가 되었고, 성공률 역시 80%로 늘었다. - 리코트

232. 지금까지의 선입관을 없애고 전단지를 작성, 배포할 수 있었다. - (주)마루추

233. 감성 마케팅을 도입한 DM을 작성하자, 종래의 업자에게 맡겼을 때보다 반응이 좋았다. - 이치노미야여자대학

234. 전단지 광고의 반응이 좋아져서 6개월 동안 팔리지 않았던 중고주택이 바로

완판되었다. - 에구치 주켄(주)

235. 작년에 7개밖에 팔리지 않았던 상품을 DM을 이용해서 6일 만에 72개 완판했다. - 더스킨톱(주)

236. 신념이 기반된 영업이 실적 향상에 공헌하고 있다. - (주)젬 코퍼레이션

237. 작년에는 한 달에 1건이었던 문의가 올해는 한 달에 50건. 무려 50배다! - 파이프 플러스

238. "부탁드립니다"가 연속이었던 영업 활동을 대등한 관계에서 할 수 있게 되었다. 성공률이 20% 향상되었다! - 가라스다 사무(주)

239. 전단지 등의 문장 작성법이나 집객 방법을 연구한 결과, 좋은 결과가 나오기 시작했다. -보레보레 네트워크

240. 텔레마케팅이 이렇게 간단할 것이라 생각하지 못했다. 100건 전화해도 1건 정도였던 확률이 지금은 10건에 1건 정도가 되었다. - (주)니치포텍

241. 기사 형식의 광고로 83명이 자세한 정보를 듣길 희망했다. 9개월 동안 생명보험을 6개 계약했다. - 아빈세

242. 광고에 의한 학생 모집으로 학생 수가 2배로 늘었다. - (유)PMA

243. 간다 방식은 정말 대단하다! 매출이 전년 대비 10억 원 상승했다. -(주)무라타 한방

244. 소책자 광고를 통해 35만 원의 투자로 140명의 가망 고객을 모아 10만 원짜리 상품이 30개 팔렸다. 이것은 기적이다! - 비즈 약품점

245. 가망 고객의 집객 비용이 한 사람당 10만 원 이하로 줄었다. - (유)이매진홈빌드

246. 팩스 DM으로 자료 청구가 35% 상승했다. - 헬시넷

247. 거래처에 해주는 마케팅 조언과 뉴스레터가 좋은 반응을 얻고 있다. - 프론티어 종합연구소

248. 뉴스레터 형식 DM을 간다 방식으로 바꾸자 반응률이 200%, 매출이 40% 상

승했다. - (주)로즈메이

249. 도입 후 3회 DM을 발송했다. 37%의 실적을 거뒀다. - (주)자스타가마이시 스모크 공방

250. 매출이 2배가 되었다! - 소프트웹

251. 지금까지 전무했던 개인 고객 매출이 200명까지 늘게 되었다. - 히라노글라스(주)

252. 텔레마케팅은 얼마나 빠르게 끊는지가 포인트다. 전혀 관심이 없는 고객에게 시간과 노력을 쏟는 것은 무의미하다. - 신요 운송(주)

253. 나의 모든 것이 향상되었다. 기획사 작성법도 바뀌었다. - (유)하트플랜

254. 용기가 생겼다. 구체적인 실천 방법도 생각하고 있다. - (유)유메가이도

255. 새로운 비즈니스 스타일을 구성하고 있다. 성공할 것 같은 확신이 든다. - 딜라이트(주)

256. 광고 성공률이 전년 대비 191%, 신기록을 달성했다! - 청춘대학

257. 가망 고객을 모으는 매체로 20~30건의 계약과 650건의 데이터를 얻을 수 있었다. - 히로바 가전 판매(주)

258. DM 발송 대비 구입자의 비율이 전년도 10%에서 3개월 연속으로 15%로 늘었다. - (유)하리카 우에다점

259. 새로운 서비스를 실행했더니, 신규 고객이 약 2배 늘었다. - (주)루이 요코타포트

260. 소책자를 요청하면 사은품을 준다는 전략으로 8,800만 원의 매출이 발생했다. - 크리에이션

261. 전화를 거는 방법을 바꾸었더니 면담 약속이 20% 증가했다. - (유)와세다 재무전략연구소

262. 팩스 DM의 반응률이 예전 전단지보다 25% 증가했다. - (주)윌 에듀케이트 스쿨

263. 특전을 준다는 내용의 DM 반응률이 안정적으로 30%대를 유지하게 되었다.
 - (유)밸런스
264. 광고에 의한 가망 고객 모집에 도전하고 있다. 계약 성공으로 이어지지 않았어도, 현재 다시 도전을 준비 중이다. - (주)제스트
265. 1주년 기념 캠페인 DM으로 내방객 수가 전년 대비 20% 상승했다 - (주)에스 에라이언스
266. 전단지, DM 만드는 포인트를 알게 되었다. 현재 연구 중이다. - (주)타카하시 목재가구점
267. 전단지의 반응률이 올라갔다. 현재 내방 고객 역시 30% 증가했다. - 산요홈(주)
268. 이제야 업무에 대해서 알게 된 느낌이다. 팔릴 수 있는 방식을 빨리 발견할 수 있을 것 같다. - (유)클립아트
269. DM의 반응률이 무려 10%가 되었다! - (주)퀵경리
270. 주문서를 첨부한 카드를 발행하자 고객이 30% 정도 늘었다. - 카미킨 건설(주)
271. 간다 방식 도입 후부터 갑자기 바빠져 휴가를 낼 수 없게 되었다. - 퍼시픽 리폼(주)
272. 500~1,000만 원이나 들여 광고나 전시 판매를 해도 50만 원 정도의 매출밖에 올리지 못했는데, 전단지에 공을 들였더니 30만 원으로 300만 원의 매출을 올렸다. - 일본종합식품(주)
273. 1.8%였던 DM의 반응률이 5.6%, 6.8%로 올라갔다. - (유)속 콜라보레이션
274. 새로운 광고의 반응률이 20배로 증가했다. - 오스나 행정노동사무소 어시스트
275. 반응률 제로였던 연하장 DM에 주문서를 첨부하자 5%로 올랐다. 고객들의 소개도 받을 수 있게 되어 매출로 이어졌다. 또 취재 요청도 받게 되어 신문에 크게 실렸다. - 결혼 의상관 꿈의 가게
276. 전단지의 반응에 깜짝 놀라고 있다. 반응률은 전의 2배가 되었다. - 러브리(주)

277. DM의 반응률이 41%로 올랐다! 정말 놀랍다. - (유)스튜디오 자파호
278. 광고 문구를 바꾼 것만으로 반응률이 20% 상승했다. 소책자 활용으로 문의는 30% 증가했다. - (유)시리어스 미용실
279. 홈페이지에 공을 들여 연간 1,000만 원 이상의 광고를 절감할 수 있게 되었다. - (주)앤젤러스
280. 진정으로 매출 향상을 고민하고 있는 분에게 간다 이론을 전하는 것만으로 현재 백발백중으로 계약을 따내고 있다. - (주)다이와
281. 24시간 자료를 제공한다는 2단 광고를 했더니 5건 정도였던 문의가 150건으로 늘었다. 게다가 자료에 대한 감사 편지까지 받았다. - (주)플라넷
282. 도중 탈퇴가 20% 줄었다. 고객과의 커뮤니케이션이 원만하게 진행 중이다. - (주)간사이 젠가엔
283. 새롭게 만든 고객 모집 전단지는 1만 장으로 20~30명이었던 반응을 무려 150명까지 늘렸다. - (주)석세스 아카데미
284. 매출 향상으로 이제는 직원 증원을 고민해야 할 것 같다. - 포라 화장품
285. '명품 중의 명품, 그렇기에 팔린다, 그렇기에 돈을 벌 수 있다!'라는 문구로 실적이 올랐다. - (유)톱시즈
286. 고객이 원하는 바를 광고에 적고 주문서를 첨부하는 것으로 반응도 올라갔다. - 에스테 내츄럴
287. DM 200장으로 신규 고객 1건! - 마루칸노 오미세 호리다텐
288. 커피 배달을 늘리고 싶다. - 자가배전 커피 사쿠라야
289. 홈페이지상에서 최신 소책자를 무료로 볼 수 있도록 했더니, 2주 동안 56건의 응모가 있었고, 그중 3명이 신규 회원이 되었다. - 죠이부(주)
290. 새로운 소주를 개발할 수 있었다. 간다 방식을 실행한 지 얼마 되지 않았지만 매일 즐겁다. - (유)알파
291. 전단지에서 DM으로 방식을 바꾸었다. 광고비는 절반으로 줄었지만, 매출은

120% 증가했다. - 중국한방 오카쿠라 약국
292. 알고 보니 주변의 동업자들도 간다 선생님의 도서를 꽤 읽고 있었다. - 나카하라 세무사사무소
293. 감성을 활용한 DM으로 광고비가 8% 절감되었고, 매출은 10% 상승했다. 판매 증대를 위한 아이디어가 계속 나오고 있다. - 후레쉬 스토어 요코마사
294. 직원 전원이 간다 마케팅 방식으로 진행하고 있고, 현재 그 효과를 보고 있다. - (주)선 스텝
295. '영업은 아첨하는 방식으로는 안 된다'라는 말에 시야가 탁 트이며 용기를 얻을 수 있었다. - (주)벨우드
296. 일하는 게 재미있어졌다. 기존 고객으로부터 소개가 50%나 늘었다. - 도모하나 인테리어
297. 우리 회사에서 발행하고 있는 소책자 청구율이 20~30% 상승했다. - (유)마루미 부동산
298. 회사에 잠들어 있던 재료가 다시 숨을 쉴 수 있게 되었다. 반응률도 올라갔다. - (주)니쥬이치 구락부
299. 도입 직후부터 전단지의 반응이 40% 상승했다. - (주)오하라구미
300. DM 수천 통을 보내도 반응이 없었는데, 이제는 50통을 보내면 1건의 계약을 할 수 있게 되었다. - 이마이(주)파견사업부
301. 회원 카드를 도입했다. - (유)가츠상사
302. 거래처에 보낸 뉴스레터 반응률이 50% 상승했다. - (주)다이카
303. DM 방식을 바꿨더니 차량 검사의 예약이 3배가 되었다. - (주)고토 자동차
304. 계약 판매사원 모집 광고로 응답률·성공률이 둘 다 35%나 상승했다. - (유)도랏타
305. 팩스 DM의 반응률이 0.5%에서 2.1%로 약 4배 올랐다. - 선 빔
306. DM을 발송했더니 반응률이 80%였다. - 닛세이건설(주)주택사업부 프레틴

하우스

307. 메일 매거진의 문구를 새로 만들었더니, 첫날 1,200부의 발행에 성공했다.
  - (주)임대 넷서비스
308. 지금까지 400통 보내서 50명 정도였던 DM의 반응이 80명까지 늘었다. 신문 광고도 소책자 무료 배포로 3배 정도의 반응이 있었다. - 약국 겐신도
309. 반응이 있을 만한 전단지를 만들기 위해 연구하고 있는데, 굉장히 즐겁다. - (유)해피원
310. 팩스 DM으로 500건 가운데 2건이었던 반응이 3.2%로 향상되었다. - (주)미디어 건설
311. 고객에게 DM을 발송해 고객을 모집했는데, 처음이었음에도 500통을 보내 약 100명의 분들이 참가해주었다. - 세라츠쿠시 농원
312. 예전에는 전혀 반응이 없었던 미용기구 전단지에 5일 동안 무료로 임대한다는 문구를 게재한 후, 5건의 신청이 있었고, 4건 계약에 성공했다. - 클레오 화장품 나고야지점
313. 한 통의 DM으로 전혀 안면이 없었던 대기업의 이사와 연결이 될 수 있었다. 거기다 놀랍게도 굉장히 협력적인 분위기가 진행되어 비즈니스 상담이 이루어졌다. - 데리카(주)
314. 문의가 전년 대비 3배 이상 증가했다. 귀중한 의견도 굉장히 많이 들어오고 있어 판매 촉진에 큰 도움을 주고 있다. - (주)고우하라 본점 요센칸
315. DM의 반응이 적어도 2배는 증가했다. 매일 놀라움의 연속이다! - (유)코스모스 리갈 아카메디
316. DM의 반응률이 2.8%에서 8.6%로 상승했다! - 스이모토 해상화재보험 주식회사
317. 1%였던 DM의 반응률이 10%가 되었다. 고객으로부터 "DM을 보는 것이 즐겁습니다!"라는 이야기를 듣게 되어 놀라고 있다. - 카라스페이스K

318. 기간 한정의 할인권이 포함된 전단지를 배포했더니 반응률이 약 4%로 상승했다. - (유)야마모토 상점
319. 매번 DM의 반응률이 최저 3%에서 최고 10%에 달한다. - 미츠와 세미나
320. 대형슈퍼마켓을 개점할 때 임대로 출점했다. 전단지를 보고 3일 동안 2,400명 정도의 고객이 구매했다. 다른 때보다 고객 수가 300% 많았다. - (주)무라사키코엔
321. 간다 방식으로 계약을 99% 성공해 신규 고객이 급증하고 있다. - 뉴이나기쿠
322. 예전의 전단지 광고의 10분의 1 비용으로 그것을 웃도는 결과를 내고 있다. - 히토미 장식(주)
323. 뉴스레터 발행으로 고객이 10% 상승했다. - (주)시그마 코퍼레이션
324. 지방자치단체 게시판에 광고를 게재했다. 또, 자체 제작한 DM으로 2%의 반응률을 얻었다. - (주)프라임
325. 불황기로 다른 지점들은 굉장히 힘들어하고 있지만, 우리는 현상을 유지하고 있다. - (유)만주야 하마미헤지점
326. DM 반응률이 갑자기 7%로 올랐다! - 디지털 다윈치(유)
327. 회계를 담당하고 있던 고객사에서 월 40만 원 추가로 예산 관리 업무 지도를 수주했다. - 아아크스(주)
328. DM의 반응이 좋지 않기에 자문을 구하고 있다. - 휴먼네트워크(주)
329. 재구매율이 증가했다. 많을 때는 한 명의 고객이 13개의 추가 주문을 할 때도 있다. - (유)크레센트
330. 긴자의 분위기에 맞게 고객의 감정을 잘 이용해서 재구매 고객이 증가하고 있다. - 나르몽
331. 전화, 인터넷 시스템이 서비스, 유통, 소매점으로부터 좋은 평가를 받고 있다. - (유)론드라보라토리
332. 도입 후 3일이 지나 판매가 2배로 상승했다. - (유)오키나와 장생약초 본사

333. 이미지 광고의 한계를 타파하는 훌륭한 방법과 드디어 만나게 되었다. - 마하린 종합연구소 TM 센다이센터

334. 문구를 조금 바꾼 것만으로 샘플을 요청하는 분들이 12시간 동안 56명이나 있었다. - 마루토미 상회

335. 단 100만 원의 광고비로 2,100건 이상의 요청을 받았다. - 하우스플러스원(주)

336. 고객을 어떻게 하면 기쁘게 해드릴까를 생각하며 접객했더니, 매출이 30% 올랐다. - (유)세토구치근대차상회

337. 구인 모집에 대한 응답이 두 자릿수에서 네 자릿수로 증가했다! 굉장히 놀랍다. - (주)그랜들

338. 신문에 전단지를 넣자, 전년 대비 학생복 주문이 400% 상승했다. - 미도리야 양품점

339. 인맥도, 실적도 없는 내가 사무소에서 거의 나오지 않고도 2개월 만에 90개사 이상의 고객사와 계약했다. - GF커뮤니케이션 미야시로

340. 눈에 보이지는 않지만, 신용을 차곡차곡 쌓고 있다는 생각이 든다. - (유)도치쿠 보험사무소

341. DM의 결과, 환자가 전년 대비 20% 증가했다. 매출은 전년 대비 15% 증가했다. -요시미즈 치과 의원

342. 전단지 배포로 매출이 10% 상승했다. - 가덴

343. 신문 광고에 지역주민의 사용 후기를 실었더니 지금까지보다 매출이 50% 상승했다. - (유)미우라 시계점

344. '좋아요~'만으로는 안 된다는 것을 깨달았다. 단계를 밟으며 노력해보려 한다. - 설계사무소

345. DM 반응률이 올라가 매출도 160% 상승했다. - (주)야마사치 가마보코

346. 전단지 300장을 뿌려 65명이 방문했다. 42만 원의 투자로 3,000만 원의 매출을 올렸다. -니혼미디어(유)

347. DM의 효과가 향상되고 있다. - 유니월드
348. 기존 고객들에게 새로운 서비스를 알리는 내용의 DM을 발송하자, 90%의 반응률을 보였다. - (주)코호회의
349. 아직 본격적으로 시도하지 못했지만, 의지를 다지고 있다. - 시라이시 약국
350. '대담 방식의 컨설팅'과 '희소성의 법칙'이 재구매율로 이어지고 있다. - 키치조지 공립미용외과
351. 머리를 씀으로써 DM의 효과가 눈에 보일 정도가 되었다. 타이어 매출이 전년 대비 30% 상승했다. - (유)이와테현 키타마츠다 상회
352. DM에 기간 한정 할인권을 넣었더니, 반응이 좋았다. 떠났던 고객도 다시 돌아왔다. - (유)마이스템프
353. 거절당했던 고객으로부터 '다시 받아주길 바란다'라며 연락이 왔다. - (유)섬싱 포 웨딩
354. 전단지를 만들 때, 사은품을 증정한다고 하니, 반응이 굉장히 좋았다. - (유)브라더 몬스터
355. 자사 홈페이지에 제품의 조작 방법이나 트러블이 발생했을 경우의 해결법에 대해 게재한 결과, 10~20% 문의가 증가해 가망 고객 리스트가 늘었다. - (주)시바야기
356. 기존 고객에게 보낸 연하장이 굉장히 호평을 얻어 약 1억 원의 매출이 발생했다. - 페인트플라자(주)
357. 이기는 기업과 지는 기업의 차이가 눈에 띄는 건설 업계에서 우리 회사는 이기는 기업이 될 수 있었다. - (자)야스시로 건축
358. 팩스 DM을 360건 발송해 72건의 반응이 있었다. 그것도 전부 문자로만 가득한 아주 단순한 내용이었음에도 불구하고 말이다. - (주)빔 플래닝
359. DM의 내용을 변경한 후, 고객의 반응이 굉장히 좋아졌다. - (주)이츠츠야
360. 전단지의 반응이 예전보다 40% 상승했다. - 사토건설공업(주)

361. 신차 전시회에서 큰 효과를 보았다. 내방 고객이 3배가 되어 성공률도 올라갔다. 전단지 효과가 굉장했다. - 우에다 자동차(주)

362. 도입 후, 전단지 반응이 2%대로 유지되고 있다. - 플러스원

363. 2개월이나 지났음에도 순조로운 상황이 유지되고 있다. 응답률은 30% 상승했다. - (주)다이켄

364. 팩스 DM으로 대기업 고객사를 확보할 수 있었다. - 환경보전공업(주)

365. 전화 문의가 많아졌다. -(유)미츠이 물산 센터

366. 소개받은 고객과 새로 문의하는 고객이 2~3배 늘어, 성공률도 상승하고 있다. - (유)리드 크리에이션

367. 간다 방식의 마케팅에 흠뻑 빠졌다. 홈페이지나 DM 응용도 구상 중이다. - 다이소 노무행정사무소

368. DM 반응률이 0.1%에서 3%로 증가했다. - 마츠시타 덴코 에이지프리샵

369. 도입 직후부터 놀랍게도 계약이 300%나 올라갔다! - (주)데라시타생활토탈연구소

370. 간다 방식을 도입했다. 계기→내방→고객화→고객 단가 상승으로 이어졌다. - (주)아믹스슈퍼 온천

371. 구인 팩스를 발송한 후, 평상시 4배의 연락이 왔다. - (유)넘버원 클럽

372. 21일간 감동 프로그램으로 재구매율과 고정구매율이 50%씩 상승했다. - 호쇼(주)

373. 전화 노하우를 활용해서 예약률이 10% 상승했다. 수주 건수도 올랐다. - 아사언더센 휴먼캐피털

374. 매출이 전년도의 2배! - AIAI MEDICAL

375. PR의 표현을 조금 바꾼 것만으로 반응률이 크게 증가했다. 10배 이상의 반응률에 정신이 없을 정도다. - (주)에스디시 테크노

376. 명함에 정성을 들였다. 고객에게 연락이 잘 오게 되었다. -하이후라토

377. 1회 700만 원의 광고를 1회 40만 원 정도로 바꿨음에도 문의 건수는 같았다. 간다 방식의 대단함을 실감하게 되었다. – 단(주)

378. 간다 이론을 인터넷상에서 활용했다. 광고비를 제로로 만들 수 있었다. – AC파트너스

379. 도입 후 DM의 반응률을 20% 달성했다. – 코팔 경영

380. 전단지를 활용했더니 효과가 굉장했다. 회원 계약건수가 단번에 2배로 증가했다. – (유)키타니 후레쉬마트

381. 팩스 DM을 발송했더니 1,000통 중 무려 72통에 답장이 왔다. – (주)하마노 패키지

382. 전화 작전과 신제품 DM으로 매출이 140% 상승했다. – (주)아코야

383. 광고의 응답률이 30% 상승했다. – 코스모스 마인드

384. 153만 원의 DM 비용으로 900만 원의 이익을 얻었다. – (유) 콤 인스티튜트

385. 상품 안내, 매장 POP에 희소가치를 이용해서 반응률, 구매율이 올라갔다. – (주)우매코시

386. 안내 녹음 테이프와 소책자 활용으로 가망 고객의 질이 올라갔다. – 로얄 라이프(주)

387. 세미나 참가자가 2~4개월 만에 무려 10배 이상 늘었다. – (주)nagways.com

388. 개인 고객의 DM 반응이 2배가 되어 앞으로 법인 고객에게도 접근할 생각이다. – 크레디스이스 생명보험(주)나고야 지사

389. 도입 전에 실험한 대리점 미팅의 안내 반응이 50% 상승했다. 바로 실전에 사용하지 않으면 안 되겠다고 생각했다. –AIU 보험회사

390. 아직 한 번도 광고를 한 적이 없다. 입소문 이외의 방법은 생각할 수 없다. – 프로가정교사의 모임

391. 기존 고객에게 내 경험담을 담은 DM을 발송한 후, 미백화장품의 매출이

30% 상승했다. - 헤어메이크 후키

392. 도입 직후부터 세일즈 토크나 행동이 적극적으로 되어 매출이 확실하게 30% 상승했다. - (주)다지리지무키

393. 전단지를 비치했더니 전단지 반응이 30% 상승했다. - (주)미츠히로 재팬 코퍼레이션

394. 신문 전단지의 내용에 주문서를 넣었더니 응답률이 35% 상승했다. - 스르웡

395. 전단지의 문구를 변경했더니 신규 고객이 늘었다. -오미도

396. 상품 내용 중심의 DM 문장을 고객 중심으로 변경했더니 반응이 좋아졌다. - (유)베스트 초이스

397. 간다 선생님의 조언을 그대로 행동으로 옮겨보았더니 DM, 전단지의 반응이 놀라울 정도로 상승했다. - 닥터 리폼

398. 뉴스레터 발행을 시작했다. 고객으로부터 재주문이 늘기 시작했다. - 마루야마 제약

399. 지금 연구 중이다. 지금까지 보내왔던 DM의 반응이 나빴던 이유를 드디어 알았다. - 니시토 사회보험 노무사사무소

400. 자료 요청이 한 달 동안 수 건에서 10건으로 늘었다. - 실천 카운슬링 Do

401. 전단지 광고의 반응률이 올라갔다. 단색 광고임에도 불구하고 반응률은 2개 정도가 되었다. - (유)하야세

402. 신문 전단지에 고객 앙케이트를 실었더니, 고객 반응률이 60% 상승했다. - (유)아루즈건설 계획공방

403. 고객에게 "간다 선생님의 책을 읽고 실천해보세요!"라고 말했더니, "고객 수가 20% 증가했다"라며 기뻐했다. - 간다 회계사무소

404. 매주 전단지의 문구를 연구한다. 4개월 만에 반응률이 5% 상승했다. - (유)소고식품 마스야

405. DM 문구 작성에 자신을 가질 수 있게 되었다. 문구 작성법을 처음부터 다시

생각하면 성공률이 올라간다. - (주)A시스템

406. 전단지의 문구를 바꾸니 문의가 30% 상승했다. - 일본 메딕스(주)
407. DM의 반응률이 놀라울 정도로 단기간에 상승했다. 지금 신규 고객이 급속히 늘고 있다. - 히토미 사회보험 노무사사무소
408. 신문에 광고할 예정이다. 100건 정도 문의가 올 것이라 생각한다. - Step21
409. DM 반응률이 50% 상승했다. 입회율은 80% 상승했다. - 가정교사의 와세다 어시스트(주)미디어스탭
410. 뉴스레터를 시작하니 고객으로부터 응원의 편지를 받게 되었다. - 세키미스하우스(주)
411. 현재 인터넷 판매의 매출이 증가하고 있다. - (주)앗스
412. 아직 본격적으로 시도해보지 않았지만, 이마에 땀이 날 정도로 노력하고 있다. - 도요겟심도
413. 종래는 DM을 500통 정도 보내 반응이 있을까 말까 할 정도로 미미했는데, 지금은 100통 정도 발송해서 3~5건의 반응이 오고 있다. - (주)지테크
414. 광고 회사가 시키는 대로 전단지를 만들었는데, 간다 방식을 알게 된 후, 눈이 뜨였다. 고객의 반응도 20% 상승했다. - (유)호리이쥬키
415. 도입 한 달 후부터 DM의 반응이 30% 상승했다. - (주)경리맨
416. 기존 고객에게 신상품 세일의 안내 전단지를 고객 스타일에 맞춰서 배포했더니, 사무소와 개인의 주문이 이전의 2배 이상이 되었다. - (유)에히메 오피스서비스
417. 고객과 신뢰관계를 구축할 수 있게 되었다. - (유)브랜트라스트
418. 이미 어떠한 영업 활동을 하지 않아도 향후 45일간의 스케줄이 꽉 차게 되었다! - 데코홍상(주)관동제일지점 리테일 개발센터
419. 4,500만 원의 신문 광고보다 80만 원의 DM 반응이 더 높았다. - (유)유티아 이재팬

420. 고객 소개 서비스로 최근 2건의 주택을 소개했고, 곧 계약 성공으로 이어질 것 같다. - (주)코반코무텐
421. 가망 고객을 선별해 반응률을 20% 높였다. - 로얄하우스 아츠기
422. 최근 1년간의 자료 요청은 예전의 약 5배가 되었고, 매출은 40% 향상했다. 이익은 4배가 될 것 같다. 간다 방식을 믿고 행동으로 옮긴 것이 그 비결이다. - 사토 로스트웍스기연(주)
423. 리폼의 광고를 제안형으로 변경했더니, 건수의 증감은 없지만, 공사 단가가 30% 올랐다. - (주)아오야마
424. 종래의 뉴스레터 형식의 DM에 1장 추가했더니 반응이 2배가 되었다. - (주)캡틴
425. DM으로 자료 요청이 있었던 병원을 방문하자마자 바로 상담했다. 약 800만 원의 계약을 맺었다. - 웨스트 코퍼레이션
426. 신제품 출시 관련해서 DM을 180통 보냈더니, 10일 만에 30개 예약했다. - (유)이카리약국
427. 사은품 증정 기획을 하면서 DM을 작년의 절반 이하로 보냈는데, 매출은 30% 상승했다. - 오카시노 슈세이 통신판매과
428. 판매가 전년 대비 180%, 도매 220% 상승, 매스컴에 대한 접근도 성공했다. - (유)링크업
429. 매출이 2배가 되었다. - 모리구치 상점
430. 도입 직후부터 DM의 반응률이 25% 상승했다. - 기타시키라이프
431. 상품을 사용하는 것으로 40~50%의 경비를 절감할 수 있었다. 또한, 뉴스레터 발행을 시작하기도 했다. - 스와마신츠르
432. 적은 비용으로 만든 전단지의 반응률이 40% 향상되었다. 매일 발행하는 뉴스레터로 고객의 유출이 크게 감소했다. - (유)후토카이로
433. 신문 매체에 의한 전화 문의가 월 25건에서 4개월 만에 월 60건으로 240%

증가했다. - (주)텐진상공센터

434. 도입 직후 가망 고객을 모을 수 있게 되어 반응이 숫자로 나타나기 시작했다. - (자)밀워키

435. 전단지에 의한 집객율은 크게 달라지지 않았지만, 재구매율은 이전보다 늘었다. - 가노오 미곡점

436. 도입 직후부터 전단지, 광고의 반응률이 크게 상승했다. 전단지 2만 장을 뿌리면 고작 2건이었던 반응이, 고작 25만 원의 광고로 13건의 문의가 있었다. - (주)신덴추

437. 간다 방식을 통해 부동산의 구입 희망자가 623팀이 되었다. 팔 땅이 없어서 곤란할 정도다. - (유)우치다 오피스

438. 예전에는 일주일 내내 문의가 전혀 없었는데, 간다 방식으로 전단지를 만들었더니 문의가 무려 5건이나 왔다. - 마인드제미널(유)

439. 아첨하는 영업은 안 된다. 고객을 제일 중시하는 영업을 통해 신축주택 1동을 수주했다. - 사사키준 건설(주)

440. 잡지 광고로 자료 요청이 50% 상승했다. - (주)환경양품연구소

441. 직접 만들어서 연 6회 발행했던 뉴스레터가 고객들과 마음으로 소통하며 일체감 조성에 기여하고 있다. - (주)아지토고코로

442. 자동 고객 관리 시스템의 도입과 실천으로 매출이 50% 상승했다. - (유)넷 시스템즈

443. 뉴스레터나 명함 카드 덕분에 견본품 신청이 10배가 되었다. - (주)소라

444. 20만 원의 광고비로 1,000만 원의 매출을 올렸다. 그것도 단 열흘 만에! - (주)미즈다글라스

445. 뉴스레터 덕분에 기존 고객의 DM 반응률이 큰 폭으로 상승했다. - 그랜드 듀크스 토카이(주)

446. 세미나 안내 전단지 1,500장으로 4명을 모집했는데, 간다 방식 도입 후 팩스

DM 500장으로 3명을 모집할 수 있었다. - (주)산 코퍼레이션

447. 50명 한정으로 사은품을 증정한다는 광고에 230명이 응모했다. - 하크레이 주조(주)

448. DM 도입 후, 전국에서 100명 이상의 신규 고객이 생겼다. 물론 매출도 전년을 웃도는 수치다. - 야시마산업(주)

449. DM을 효과적으로 보내는 방법을 통해 반응률, 성공률이 함께 7% 상승했다. - 미타카라물산(주)

450. 21일간 고객 감동 프로그램을 실행하자 기존 고객으로부터의 소개 건수가 2배로 증가했다. - 프레덴셜 생명보험(주)오사카북지사

451. DM 제작에 간다 노하우를 도입하자, 고객의 반응이 20% 상승했다. - (유)시원도

452. 적은 예산으로 큰 반응을 얻는 방법 중 간다 방식을 넘어서는 것이 없다. 대기업을 상대로 어떻게 싸워야 하는지를 배웠다. -(주)오노부동산건설

453. 구매를 망설이는 고객에게 효과가 있었다. - 쥬얼리 도노구치

454. 현장 견학을 안내하는 전단지 1만 장으로 10팀이 내방했다. 그전에는 4만 장으로 단 1팀만이 내방했기에 40배의 효과다! - (주)시아즈홈

455. 신청서를 삽입하는 방법을 바꾸자 학생 수가 꽤 늘어났다. - (유)미래기획

456. DM의 반응이 지금까지는 거의 0%에 가까웠는데, 20% 이상 상승했다. - PC아카데미

457. 지금까지와는 100% 다른 판매 방법에 고객들이 감동하고 있다. - 다나카 요시히토

458. 수도권에서 친구가 실행했던 전단지를 그대로 히로시마에서 실행 중이다. 2,000~3,000분의 1이었던 문의가 300분의 1이 되었다. - 소니 생명

459. 직접 손으로 만든 DM에 대한 문의가 1.5배 증가했다. -니시모토 시게오

460. 아직 간다 방식에 대해 알아가는 중이다. - (유)핀 코퍼레이션

461. 전단지 반응이 월 30건에서 60건으로 늘었다. −소니 생명보험(주)
462. 피아노 교실의 학생 모집에 응용해보았다. 단 한 번의 전단지 배포로 8명이 신청했다. − (유)미르토스
463. 현재 연구 중이다. − (주)나카이 상점
464. DM의 반응률이 24배 늘었다! − (주)PDR
465. 문구를 변경하자 신문 광고 반응률이 20% 상승했다. −체리히 보험회사
466. 거래처와의 미팅이나 정보 교환을 할 때 신뢰도가 높아졌다는 말을 듣게 되었다. − 일본화재해상보험
467. 지방지에 의한 반응이 340% 상승했다. 계약률이 100%다. − 파동발모 살롱 리바이브헤어
468. TV 광고, DM, 전화 대응 등을 변화시키자 내방객 수, 가입자 수가 50% 상승했다. − 히로시마 인터넷 컴퓨터 학원
469. 매월 뉴스레터의 발행으로 예전 고객들을 다시 돌아오게 하고 있다. − 고노키미 사토주조텐
470. 광고 규제가 엄격한 업계에서도 효과가 있는 홍보 방법을 발견했다. − 아이 치과의원
471. 잡지의 무료투고를 통해 자료 요청이 30건, 그중 6건이 회원으로 이어졌다. − (유)아이대행서비스
472. 1,000건의 팩스로 5건의 응답이 있었고, 1건 계약을 성공했다. − 프랜즈우드
473. 전단지 1만 장으로 7명의 학생을 모집했다. 부동산 물건 판매 전단지 5,000장으로 3건 계약을 성공했다. −(유)와세다오픈
474. 책에 실리자 고객들의 문의가 늘었다. − 긴자 갤러리하우스
475. 여름방학 강좌에 등록한 학생 수가 2.7배 늘었다. 고객이 알아보기 쉽게 만든 전단지 덕분이라고 생각한다. − 개별지도 어시스트 그룹 어시스트 에키조
476. 올해 목표는 자기계발, 실천, 그리고 점포 3개를 오픈하는 것이다. − (주)마

메이드

477. 세미나 개최 안내 DM에 대한 신청자가 250% 상승했다. - 나카가와 사회보장노무사 사무소

478. 지방자치단체에 보낸 앙케이트 DM의 응답률이 무려 40%, 면담률은 50%를 넘었다. - M&S 코퍼레이션

479. 뉴스레터 발행으로 신규 고객 소개가 배로 급증했다. - 판매 촉진 엔진 홋카이도

480. 기간 한정 서비스나 무료 이용권을 넣어 뿌린 전단지 1,000장에 130명 정도의 신규 고객을 모을 수 있었다. - HAIR THE RAPT CURE

481. 입회 캠페인의 입회율이 올라갔다. 작년에는 33.8%였는데, 올해는 54.6%다. - 국립인도어테니스스포츠

482. 컴퓨터 학원에 3일간 40명이 새로 들어왔다. 지난번의 2배 이상이었다. - 이시이서점

483. 간다 방식을 홈페이지에 활용했더니 반응이 좋았다. 판매도 계획 중이다. - (유)쇼와당

484. 중학교 1학년, 2학년 반은 이미 정원이 다 찼다. - 카이신 스쿨

485. 빠르다, 싸다, 친절하다. - 카마쿠라 무지카

486. 광고의 반응률이 30% 상승했다. 뉴스레터로 계약률도 올라가고 있다. - 칸교주택판매(주)

487. DM으로 놀랄 정도로 반응률이 높아졌다. 113통 78건의 계약을 성공했다! - (주)요시다 아이템연구소

488. 고객의 구입 결정 순간을 파악해서 접근할 수 있게 되었다. - (유)다트코

489. DM 250통을 보내서 3건의 반응이 있었고, 그중 2건의 계약을 성사시켰다. 앞으로의 문제는 DM을 버전 업시켜 매출을 향상시키는 것이다. - 종합사무기기 카네모토

490. 주택 광고의 반응이 1.5배나 증가했다. 마치 자석과 같이 고객이 반응을 한다. - (주)유소(주택사무부) 에니시홈
491. 앞이 보이지 않는 지금, 자신을 믿고 행동하는 것이 가장 중요하다. - (주)모테기
492. 주문서를 넣은 작은 광고에 143건의 문의가 들어왔다. 이런 적은 처음이다. - (주)라크
493. 직원들의 사고방식이 바뀌게 되어 앞으로 잘될 것이라 생각한다. - (주)매지컬 시스템
494. DM을 보내는 것이 너무나 즐거워졌다. - MKS라이프서비스
495. 도입 직후 매출이 1,800만 원 상승했다. 고객의 목소리 반응률도 55% 향상되었다. - 아스테크 시스템
496. 카드에 열과 성을 다하자 반응률이 600% 상승했다. - 후카자와 낚시 가게
497. 매출이 전년 대비 120% 향상되었다. - (주)바스
498. 전국 각지에서 세미나를 개최하고 있다. 참가자의 20%가 간다 선생님의 독자로 성공률은 50% 이상이다. - (주)지 에라
499. 대기업에 이길 수 없다고 생각했는데, 대기업과 같은 실수를 하고 있다는 것을 깨달았다. 현재는 고객이 급증하고 있다. - (유)도카이 컨설팅
500. 편지 스타일의 DM으로 98명 중 24명이 재입회했다. DM의 효과는 한 달 이상 지속되었다. - 시계에다 골프(주)
501. 대리점 모집에 대한 자료 청구가 월평균 2건에서 15건이 되었다. - (유)에이도리바
502. 주문서를 포함한 뉴스레터로 반년 이상 내원하지 않았던 환자들이 3%의 비율로 재방문하고 있다. - 다카하시 침구원
503. 의지가 3배로 늘었다. 올해야말로 그 의지를 매출로 보여줄 때다. - (유)톳파
504. 간다 방식 도입 후, 작년 매출을 6개월 만에 달성했다. 신입사원들에게 의지

가 생겨 사내 전체의 분위기도 좋아졌다. - (주)마키마사 주택사무본부 오렌지홈

505. 직원들이 실패를 두려워하지 않고 마케팅을 즐기면서 도전하고 있다. -(자)기타무라 코퍼레이션

506. '바쁘게 움직이면 움직일수록 돈을 벌 수 없다'에서 '머리를 쓰면 쓸수록 즐거워진다'로 바뀌었다. 고객도 158% 상승했다. - 마테리얼

507. '고객의 마음을 잡아라', '일을 즐겁게 하자!' 그렇게 매출 상승도 노린다! - 비버릿지 폼

508. 직접 쓴 문구라도 이따금 보내는 인사 DM은 기존 고객과의 커뮤니케이션 도구로 유효하게 작용한다. - 오피스 Ys

509. 지금까지 부탁하기만 하던 영업에서 벗어날 수 있게 되었다. 성공률은 50% 상승했다. - (유)에프콧

510. DM을 통해 가망 고객의 범위를 줄여나가는 것이 쉬워졌다. - (주)쿄토크리에이트

511. DM을 통한 고객 수 증가는 당연하다. - (주)아이무

512. 소책자에 사은품을 넣어서 이메일로 발송했다. 이틀 동안 88건의 응모가 있었다. - 닛쇼 건설(주)

513. 뉴스레터 자체가 영업 직원이다. 4회 차 만에 소개로 인한 고객이 급증했다. - (주)야나기사와

514. 간다 방식을 활용해 1개월 만에 매출 500만 원을 달성했다. - (주)아크에리아스

515. 편지 스타일의 DM을 작성해서 발송하자 76건 중 6건의 응답이 돌아왔다. - (주)메디컬 기켄

516. 놀랄 정도로 고객을 모으는 것이 쉬워졌다. 게다가 우량 고객을 적은 금액으로 모을 수 있게 되었다. - (주)타이어타운 후쿠오카

517. 팩스 신청을 이용한 전단지로 자료 요청이 3배 이상이 되었다. - 오시에재팬(주)

518. 직접 쓴 신메뉴 전단지를 신문에 넣었더니, 방문 고객이 무려 48명이었다. DM보다도 편리하다. - (유)쇼우토쿠

519. 전단지, 상품의 안내에 '유머'는 불가결한 요소라고 확신한다. - (주)ADSP

520. DM을 보내자 고객으로부터의 문의가 급증했다. 앞으로도 여러 가지를 도전해볼 계획이다. - 도쿄당 가방점

입소문 전염병(개정판)

제1판 1쇄 | 2022년 2월 28일
제1판 7쇄 | 2024년 6월 28일
제2판 1쇄 | 2025년 11월 3일

지은이 | 간다 마사노리(神田昌典)
옮긴이 | 최윤경
펴낸이 | 한성주
펴낸곳 | (주)두드림미디어
책임편집 | 이향선, 배성분   디자인 | 얼앤똘비악earl_tolbiac@naver.com

주소 | 서울시 강서구 공항대로 219, 620호, 621호
기획출판팀 | 02-333-3577
E-mail | dodreamedia@naver.com
등록 | 2015년 3월 25일(제2022-000009호)

ISBN 979-11-24026-06-9 (03320)

책 내용에 관한 궁금증은 표지 앞날개에 있는 저자의 이메일이나
저자의 각종 SNS 연락처로 문의해주시길 바랍니다.

책값은 뒤표지에 있습니다.
잘못 만들어진 책은 구입처에서 바꿔드립니다.